4차 산업혁명시대

스타트업 창업실무와 경영전략

글 김보라 | 감수 김미란

G-world

4차 산업혁명시대

스타트업 창업실무와 경영전략

김 보 라

- ㈜스마트크리에이터 대표이사
- 경북대학교 대학원 경영학(MIS)박사과정
- 중소벤처기업진흥공단 청년창업사관학교 7, 8기(추가과정)
- 벤처기업 인증
- NICE평가정보 TCB기술평가 우수기업 인증
- 산업디자인전문회사 인증
- 특허, 상표권 등 지재권 多
- 한국전문경영인학회 정회원
- 한국정보시스템학회 정회원
- 한국여성벤처기업협회 정회원

Thanks to

창업과 경영사이에서,
내가 배우고, 내가 해 보고, 내가 가르쳐 보고, 내가 현장에서 느꼈던 실무경험들.
내 후배들 만큼은, 내 제자들 만큼은,
조금만 실패하고, 조금만 아파하며, 조금 더 빨리 꽃길을 만나길 바라는 마음으로
그 간의 경험을 이 책에 담아 보다.

오늘도 불이 꺼지지 않는 사무실에서,
열정을 가슴에 품고 스타트업에 뛰어드는 모든 CEO 분들과 이 책을 함께 하고 싶습니다.

이동욱 원장님, 김상현 교수님, 권택찬 교수님, 정희주 교수님, 이수용 교수님, 김창수 교수님,
강병효 교수님, 강영모 이사님, 강서희 이사님, 김미란 이사님, 장조영 팀장님, 원지영 팀장님, 신선영 선생님 감사합니다.
우리 스마트크리에이터 멤버들 감사합니다.

Chapter 01

Start, 본격 창업실무

Chapter 02

Start, 아이템 찾기

Chapter 03

성공 창업의 시작, 시장 바로 알기

Chapter 04

숲과 나무, 모두 살펴야 실패가 없다.

Chapter 05

잘되는 상권 찾기 –상권분석–

Chapter 01

Start, 본격 창업실무

1. 창업과 경영의 정의
2. 기업 경영활동의 A to Z
3. 스타트업 기업의 경영 사이클
4. 스타트업 경영과 기업문화

Chapter 01 Start, 본격 창업실무

1. 창업과 경영

1) 창업이란?

창업이란 개인이나 집단이 사업 아이디어를 가지고 사업목표를 세워 적절한 사업기회에 자본, 인원, 설비, 원자재 등 경영자원을 확보해 재화를 생산하거나 서비스를 제공하는 기업을 설립하는 것으로 '기업을 새로이 창조하는 일' 이라 정의한다.

학문적으로 보면 인적 · 물적 자원을 적절히 결합하여 미리 설정된 기업목적을 달성하기 위해 상품이나 서비스를 조달, 생산, 판매하거나 그와 부수된 활동을 수행하는 것이고, 보다 실무적으로 접근해 보면 개인 또는 집단이 자신의 책임 하에 돈과 사람을 동원하여 새롭게 사업을 시작하는 것을 창업으로 볼 수 있다.

법률적 의미에서 창업이란 중소기업창업 지원법에 따라 '중소기업을 새로 설립하는 것' 을 말하며 다음 각 호에 해당되어서는 안 된다.

① 타인으로부터 사업을 승계하여 승계 전의 사업과 동종의 사업을 계속하는 경우
② 개인 사업자인 중소기업자가 법인으로 전환하거나 법인의 조직변경 등 기업형태를 변경하여 변경 전의 사업과 동종의 사업을 계속하는 경우
③ 폐업 후 사업을 개시하여 폐업 전의 사업과 동종의 사업을 계속하는 경우

알아두기

중소기업창업 지원법 (약칭: 중소기업창업법)
[시행 2018.1.18.] [법률 제14532호, 2017.1.17., 타법개정]

제1장 총칙

제1조(목적) 이 법은 중소기업의 설립을 촉진하고 성장 기반을 조성하여 중소기업의 건전한 발전을 통한 건실한 산업구조의 구축에 기여함을 목적으로 한다.

제2조(정의) 이 법에서 사용하는 용어의 뜻은 다음과 같다.
<개정 2016.1.27., 2016.5.29.>

1. '창업' 이란 중소기업을 새로 설립하는 것을 말한다. 이 경우 창업의 범위는 대통령령으로 정한다.
1의2. '재창업' 이란 중소기업을 폐업하고 중소기업을 새로 설립하는 것을 말한다. 이 경우 재창업의

범위는 대통령령으로 정한다.

2. '창업자' 란 중소기업을 창업하는 자와 중소기업을 창업하여 사업을 개시한 날부터 7년이 지나지 아니한 자를 말한다. 이 경우 사업 개시에 관한 세부 사항은 대통령령으로 정한다.

2의2. '재창업자' 란 중소기업을 재창업하는 자와 중소기업을 재창업하여 사업을 개시한 날부터 7년이 지나1 지 아니한 자를 말한다. 이 경우 사업 개시에 관한 세부 사항은 대통령령으로 정한다.

2의3. '초기창업자' 란 창업자 중에서 중소기업을 창업하여 사업을 개시한 날부터 3년이 지나지 아니한 자를 말한다.

3. '중소기업' 이란 「중소기업기본법」 제2조에 따른 중소기업을 말한다.

4. '중소기업창업투자회사' 란 창업자에게 투자하는 것을 주된 업무로 하는 회사로 제10조에 따라 등록한 회사를 말한다.

4의2. '창업기획자'(액셀러레이터)란 초기창업자 등의 선발 및 투자, 전문보육을 주된 업무로 하는 자로서 제19조의2에 따라 등록한 자(이하 '액셀러레이터' 라 한다)를 말한다.

5. '중소기업창업투자조합' 이란 창업자에게 투자하고 그 성과를 배분하는 것을 주된 목적으로 하는 조합으로 제20조에 따라 등록한 조합을 말한다.

6. '중소기업상담회사' 란 중소기업의 사업성 평가 등의 업무를 하는 회사로 제31조에 따라 등록한 회사를 말한다.

7. '창업보육센터' 란 창업의 성공 가능성을 높이기 위하여 창업자에게 시설?장소를 제공하고 경영?기술 분야에 대하여 지원하는 것을 주된 목적으로 하는 사업장을 말한다.

2) 경영이란

경영(business)의 일반적인 정의는, '조직의 사명이나 목표를 달성하기 위하여 제 자원을 효율적으로 활용하는 과정' 이라고 할 수 있다. 이러한 정의를 창업한 기업이라는 조직에 적용하면 경영은 '인적 · 자원을 구입 및 투입하여 요구 사항을 만족시키는 제품이나 서비스를 생산하고 이를 판매하는 과정' 이라고 할 수 있다.

당신이 제품을 구매했을 때, 그 제품이 제공하는 이익과 만족을 동시에 구매하게 된다.
예를 들면, 사람들은 배고픔을 해결하기 위해 맥도날드에서 햄버거를 구매하며, 교통수단 필요성을 만족시키고 특정 이미지를 보여주기 위해 도요타 캠리(Toyota Camry)를 구매할 것이다.
대부분의 사람은 제품이라는 단어를 자동차, 컴퓨터, 전화기 같은 유형의 것과 연관시킨다.

하지만 제품은 서비스가 될 수도 있다. 서비스는 사람 또는 기계가 고객에게 어떠한 가치를 제공할 때 발생한다. 드라이클리닝, 의사의 진료, 농구 선수의 농구 경기 등이 서비스의 종류라 할 수 있다.

플리커(Flickr)와 같은 온라인 사진 관리 및 애플리케이션 관련 몇몇 공유 서비스는 사용료를 내지 않아도 되며, 광고로 수익을 창출한다. 아이디어 또한 제품일 수 있다. 예를 들면, 회계사와 변호사는 문제 해결을 위한 아이디어를 창출한다.

경영에 대한 학자들의 정의

피터 드러커(P. Drucker)	경영은 조직의 방향을 제시하고 리더십을 통하여 조직의 제자원을 어떻게 활용할 것인지를 정하는 것
앙리 페욜(H. Fayol)	경영은 계획하고, 조직하고, 지시하고, 조정하고, 통제하는 과정
귤릭(L.Gulick)의POSDCoRB	경영과정은 계획(Planning), 조직화(Organizing), 인사(Staffing), 지시(Directing), 조정(Coordinating), 보고(Reporting) 및 예산(Budgeting)의 과정
바나드와 사이먼 (C. Barnard & H. Simon)	경영은 조직을 형성하고 운영하는 것이며 의사결정의 과정

3) 창업의 구성요소

(1) 기업목적

기업목적은 기업의 활동과 방향을 설정해 주며 목적 달성을 지향한다.

현대기업은 다원화된 사회 속에서 다양한 이해집단과의 상호관계 속에서 존립 · 유지되므로 이러한 관계를 적절히 고려한 기업목적의 정의는 매우 중요하다.

(2) 기업 창설자

기업 창설자는 인적 · 물적 요소를 동원함으로써 실제 기업을 설립하는 사람이다. 기업 창설자는 기업을 이끌어 가는 능동적인 기업의 주체이며 반드시 사업 아이디어의 발상자여야 하는 것은 아니다. 다만 창설자의 KSA(Knowledge, Skill, Attitude; 지식, 기술, 태도) 등은 창설되는 기업의 효율성, 기업환경에의 적응력, 성장 등에 영향을 미치는 중요한 요소이다.

(3) 사업 아이디어

사업 아이디어는 기업 창설자가 설립하려는 기업이 무엇을 생산 · 판매 할 것인가와 관련된다. 기업의 생산품은 물리적으로 구체적인 형태를 가진 재화일 수도 있고 무형의 서비스일 수도 있다. 또 창설하는 기업의 생산물은 세상에 없던 발명품일 수도 있고 시장에 이미 나와 있는 상품일 수도 있으며 국내시장에 처음으로 소개되는 해외 상품일 수도 있다.

오늘날 기업은 격심한 경쟁 환경 속에서 시장장악을 위해 노력하고 있으므로 단순히 기존의 것을 모방하거나 변경하는 정도로는 기업 성공을 이루기가 쉽지 않다. 새롭고 차별화된 사업 아이디어에 기초해야만 기업 성공의 가능성이 더욱 커진다.

(4) 인적 자원

인적 자원은 기업과 사업 아이디어를 구체적으로 실현하는 수단이 된다. 창설된 기업이 제대로 운영되기 위해서는 경영관리 및 작업 기능을 담당할 우수한 인력을 확보해야 한다.
'최고의 경영은 사람에서부터 시작 된다'는 말 처럼 과업 수행에 적합한 인재를 적소에 배치하여 나름의 역할을 맡게 하는 것은 경영성과 실현에 있어 매우 중요한 과제이다.

(5) 물적 자원

창업을 위한 필수 요소인 물적 자원은 기계, 설비, 건물, 원료 등의 확보를 말한다. 이들을 조달하기 위해서는 자본이 필요하다.
일반적으로 자본주의 체제 민간기업에서 자본의 조달은 개인이나 투자집단을 통해 조달되며, 공기업의 경우에는 정부나 공공단체, 또한 사회주의 기업은 생산기금의 형식으로 국가로부터 제공되기도 한다.

창업의 구성요소들이 확정되면 기업을 설립하고 본격적인 경영활동에 들어가게 된다.

2. 기업 경영활동의 A to Z

1) 경영활동의 의의

(1) 경영활동은 경영목표를 성취하기 위해서 자원을 이용하여 성과를 창출하는 일련의 행동을 의미한다. 경영활동은 관리과정과 경영기능으로 구분할 수 있다.

(2) 경영의 관리과정(management process)은 경영을 효율적으로 달성하기 위해 요구되는 기본적인 기능이다. 이러한 관리과정은 조직의 규모가 확대되고 업무가 복잡해짐에 따라 그 역할이 더욱 중요하게 부각되는 것으로써, 여기에는 계획, 조직화, 지휘 및 통제가 있다.

(3) 경영기능(management function)은 업무의 성격별로 구분하는 것으로 인사, 재무, 마케팅, 회계, 생산 등이 있다. 경영학에서 가르치고 있는 분야가 바로 이 업무기능에 따라 나누어진 것이며, 기업이 부서를 만들 경우 이 경영기능별로 분리하는 것이 가장 일반적인 방법이다.

2) 관리과정

(1) 계획(planning)

① 경영목표를 수립하고 이를 달성하기 위한 가장 좋은 방안을 찾는 활동을 의미한다.

② 계획은 경영자원을 확보하고 투입하게 하며, 기업의 구성원이 목표와 일치되는 행동을 수행할 수 있게 한다.

(2) 조직화(organizing)

① 조직을 어떠한 형태로 구성할 것인가를 결정하고 인적?물적 자원, 자본, 정보, 지식 등을 배분 · 조정하는 활동을 의미한다. 즉, 목표를 달성하기 위해 요구되는 여러 가지 업무를 형태별로 분류하여 어떠한 단위에서 어떤 업무를 수행할 것인가를 결정하는 것이다.

② 이와 아울러 각 단위별로 필요한 인원을 선발하거나 각각의 업무를 어떤 사람이 가장 잘 수행할 것인가를 판단하여 그 사람을 해당되는 단위조직에 배치하는 인적자원 관리업무를 포함한다.

(3) 지휘(leading)

① 지휘는 조직의 목표를 달성하기 위해 요구되는 업무를 잘 수행하도록 조직구성원들을 지휘하고 동기를 유발하는 활동을 의미한다.

② 지휘의 기능은 조직구성원과 서로 의견을 교환 하고 어떠한 형태로 작업을 진행해야 하는가에 대한 방향 제시와 최대한의 능력을 발휘하도록 동기부여를 제공하는 모든 행위를 포함한다.

(4) 통제(control)

① 통제는 조직구성원의 모든 행동이 의도된 목표와 부합되고 있는지 작업수준을 평가한 후 사전 혹은 사후에 수정행동을 취하는 것을 의미한다.

② 따라서 이 기능에는 조직구성원이 계속적으로 최선을 다하여 업무를 수행하는지 감시 · 감독해야 하고, 수행된 업무에 대해 정해진 기준에 부합되는지 판단하여 잘못이 있을 경우에는 이를 지적하고 수정하는 것을 포함한다.

3) 경영기능

(1) 경영전략

경영전략은 기업이 정해진 목표를 달성하기 위해 기업의 내적 및 외적 환경에 대응하기 위한 방안에는 어떠한 것이 있으며, 이러한 방안의 수립 및 실행은 어떻게 할 것인가를 다룬다.

(2) 생산관리

기업이 유형 또는 무형의 자원을 이용하여 제품이나 서비스를 가공하는 생산 시스템을 계획, 운영, 통제하는 일련의 관리활동이다.

(3) 마케팅관리

조직의 목표를 달성하기 위해서 해당 고객과 커뮤니케이션을 창출 및 유지하고, 이를 위한 구체적인 프로그램의 분석, 계획, 실행, 통제를 수행하는 것이다.

(4) 재무관리

기업의 경영목표를 달성하기 위해서 필요한 자금의 조달을 비롯하여 자금의 운용, 관리, 통제에 이르는 총체적인 관리활동을 말한다.

(5) 인사 · 조직관리

조직구성원들로 하여금 자발적으로 조직의 목표달성에 기여하게 함으로써 조직의 발전과 개인의 발전을 동시에 달성하게 하는 제도 및 기술의 체계를 말한다.

(6) 회 계

기업 경영활동을 측정, 기록, 해석하고 기업 내부 및 외부의 관계자들에게 필요한 정보를 제공하여 의사소통을 원활하게 함으로써 경영의사결정을 지원하는 총체적인 시스템을 말한다.

(7) 경영정보시스템

경영관리활동에 필요한 적절한 정보를 적절한 구성원에게 적절한 시점에 적절한 형태로 제공하여 주는 정보시스템을 운영하고 관리하는 것을 의미한다.

4) 경영계층의 종류

(1) 최고경영층(top management)

기업의 장기적인 목표 및 자원배분과 관련된 전략계획을 다루며, 조직 전체 또는 많은 부분에 영향을 미친다.

(2) 중간관리층(middle management)

최고경영자가 설정한 기업의 방침과 계획을 실행하며, 최고경영자의 요구와 하위경영자나 작업자의 능력을 조화시키는 역할을 수행한다.

(3) 하위관리층(first-line management)

현장경영자(supervisory manager)라고도 하며, 작업자의 활동을 감독하고 조정하는 경영자라 할 수 있다. 주어진 업무를 어떻게 수행하면 효과적이고 효율적으로 목표를 달성할 것인지가 주된 관심사이며, 현재 조직에서 일어나고 있는 업무와 관련이 있는 작업량의 할당, 부품주문 등과 같은 일상적인 활동이 중심을 이룬다.

5) 기업의 특징

경영을 하는 기업은 다음과 같은 4가지의 특징을 갖고 있는데, 구성원들이 조직되어 있다 하더라도 다음과 같은 특징이 없으면 기업이라 하지 않는다. 교회, 봉사단체, 버스정류장에 모여 있는 사람들은 조직으로 구성되어는 있지만 다음의 특징을 갖고 있지는 않다.

(1) 목표(Objective) 기업의 가장 큰 특징은 목표가 있다는 것이다. 기업을 이루는 구성원(직원)은 기업의 목표를 달성하기 위하여 노력하며, 그런 노력을 하는 과정이나 결과에 자신은 소속감을 느끼게 된다. 특히 경영의 과정에서 본인의 의사나 행동이 영향력을 끼쳐 목표를 달성하게 될 때 가장 큰 만족감과 자부심을 갖게 된다.

(2) 위계구조(Hierarchy) 두 번째 특징은 기업의 위계구조이다. 예를 들면 기업은 '사장-이사-부장-과장-사원' 등과 같은 조직구조가 있다. 각 조직 단위를 맡고 있는 사람에게는 조직의 목표를 달성하는 데 필요한 권한과 의무, 책임이 주어지며 이를 종합하면 기업의 목표를 달성하기 위한 위계구조가 완성된다.

(3) 규칙(Rules)기업은 기업의 모습과 운영에 대한 규정이나 규칙이 있어야 한다. 이 규정에는 세부조직의 목표, 위계구조에 대한 것은 물론, 조직의 운영방침과 방향 등 세부적인 내용이 담겨야 한다. 이 규정은 문서화하여 직원들이 공유할 수 있어야 한다.

(4) 목표의 달성 여부(Achievement)기업의 존재는 목표의 달성 여부에 영향을 받는다. 목표를 달성하지 못할 경우 기업의 존재 여부가 불투명하고 구성원들은 의욕을 상실하게 되고 경제적 도움을 갖지 못한다. 이익을 추구하는 기업이므로 기업의 목표를 달성하려는 구성원들의 노력은 조직의 성장, 발전에 매우 중요한 영향을 끼친다.

6) 기업경영의 기능

기업의 경영은 **'계획수립(Plan)-실행(Do)- 평가(See) 및 피드백(Feed-back)'**이 순환되는 과정으로 필요한 자금을 조달하고, 직원을 채용하며, 제품이나 서비스를 판매하고, 이러한 결과를 평가하고 개선하며 정리하는 일들이 있는데, 소규모 스타트업 회사의 주요 기능들을 정리하면 다음과 같으며 이를 조직화하면 기구조직이 된다.

(1) 인적자원관리: 직원의 채용, 교육, 배치, 업무부여 및 평가 (총무팀, 인사팀)
(2) 생산 · 운영관리: 제품이나 서비스의 생산 또는 창출 제공 (생산팀, 운영팀)
(3) 마케팅 및 고객관리: 제품이나 서비스의 홍보판매 및 고객 확보, 증대 (영업팀)
(4) 재무 · 회계관리: 조직의 필요한 자금 조달 및 운용, 기업경영활동의 요약 (재무팀)

7) 가치창조, 혁신, 기업가 정신

기업을 자본주의 경제를 움직이는 엔진이라고 할 때, 기업의 이윤은 이 엔진을 움직이는 연료라고 할 수 있다. 기업의 이윤은 총수입에서 총비용을 공제한 잉여소득으로 비용을 어떻게 정의하고 측정하는가에 따라 달라질 수 있다.

회계적으로 계산한 이윤 개념인 당기 순이익은 매출액에서 생산원가와 판관비 등을 공제한 값으로 채권자가 공급한 자본에 대한 보상인 이자는 공제하였으나, 주주가 공급한 자기자본에 대한 보상은 공제하지 않은 수치이다. 따라서 이를 감안하기 위하여 경제적 부가가치라는 개념이 등장하였다.

사용한 모든 자원에 대한 경제적인 기회비용까지도 공제한 수치를 경제적 초과이윤이라고 정의한다. 그러면 '경제적 초과이윤의 원천은 무엇인가?' 비교의 기준점으로 완전경쟁 균형상태가 제시된다.

일반적으로 완전경쟁 균형상태는 다음의 조건을 만족시키는 시장 상황을 의미한다.

(1) 수많은 수요자와 공급자가 있으며 개별참여자는 시장 전체로 볼 때 무시할 정도로 작아서 가격 순응자로 행동함

(2) 거래되는 상품은 완전히 동질적인 것임

(3) 시장참여자는 제품의 가격 등 시장 상황에 대하여 완전한 정보를 가짐

(4) 기업의 자유로운 진입과 퇴출이 보장됨. 즉, 진입과 퇴출장벽이 없음

이러한 완전경쟁시장의 (정태적)균형 상태에서는 경제적 이윤은 영(零, zero)이 된다.

그 이유는 다음과 같다. 만약에 사용된 자원의 기회비용까지 공제한 후에 경제적 이윤이 존재하면 진입장벽이 존재하지 않는 상태에서는 신규기업이 진입하게 될 것이다.

그러면 시장에서 공급량이 증대하게 되고, 이 공급량의 증대는 균형가격의 하락을 가져온다. 균형가격의 하락은 매출액의 감소를 의미하며, 기업의 이윤은 매출액에서 사용된 자원의 비용을 공제한 수치이므로 동일한 비용 하에서 이윤의 저하를 의미한다.

신규기업의 진입과 그에 따른 공급의 증대는 경제적 이윤이 양으로 존재하는 한 계속된다. 경쟁에 의하여 이익률이 저하되어서 완전경쟁 균형 상태에서 경제적 이윤은 결국 영(零, zero)이 된다.

즉, 균형 상태에서의 모든 사업은 그 사업의 위험에 상응하는 정상수익률만을 획득하게 되며 이 경우에 경제적 초과이윤은 zero이다. 완전경쟁 균형상태에서 기업의 경제적 이윤은 없다. 그런데 기업은 끊임없이 이윤을 추구한다. 초과이윤의 달성은 어떻게 가능할 것인가?

경제적 초과이윤이 가능한 방법은 두 가지이다.

하나는 완전경쟁 균형상태가 되지 않도록 하는 방법이고, 다른 하나는 균형이 되지 않게 하는 방안이다. '완전경쟁 균형상태에서는 기업의 경제적 이윤은 zero'이므로, 기업이 초과이윤을 달성하는 방안에는

① 완전균형이 되지 않도록 진입장벽을 구축하는 방안과,

② 현재의 균형 상태를 파괴하는 방안이 있다. 이 두 가지 방안이 기업의 모든 전략목표가 된다.

먼저, 진입장벽을 구축하는 방안은 실물시장-생산물 시장과 생산요소 시장-의 불완전성을 만들어 내고 유리하게 활용하는 것이다.

진입장벽의 원천은 ① 기술과 자본에서 규모의 경제, ② 제품차별화, ③ 비용우위, ④ 유통망, ⑤ 수입 제한이나 규제와 면허 등의 정부 정책이다. 실질적인 가치창조가 수반되지 않는 진입장벽의 구축은 주로 정부의 인위적인 제도에 의하여 유지된다. 이러한 인위적인 제도에 의한 진입장벽은 기존 기업에게 독과점 이윤을 보장하는 역할을 하면서 사회 전체의 복지에 해를 끼친다. 개별기업에는 좋은 행위가 사회 전체 차원에서는 해가 되는 일종의 '구성의 오류'가 발생하는 것이다. 이러한 인위적인 진입장벽의 건설을 추구하는 기업가정신은 **'파괴적인 기업가정신'**이라고 할 수 있을 것이다.

기존 시장에서 주로 정부의 규제나 면허 등에 의존하며 새로운 가치창출 없이 인위적인 진입장벽을 구축하여 독과점 이윤을 확보하려는 활동은 모두 사회적으로 해로운 **'파괴적인 기업가정신'**인 것이다.

다른 방안은 균형으로부터의 이탈을 활용하고 유도하는 방안이다. 이는 단순히 시장 상황의 변화를 파악하여 새로운 시장기회를 포착하여 활용하는 방안과 인위적으로 슘페터의 혁신활동 – 신제품 · 신생산 방식 · 신시장 개발 · 신판매 방법이나 조직의 개혁 등을 수행함으로써 기존의 균형을 파괴하는 방안, 즉 **창조적 파괴(creative destruction)**이다. 단순한 시장상황의 변화에 따른 기회를 활용하는 방안은 경쟁기업이 쉽게 모방하게 되어 그 초과이윤을 향유할 수 있는 기간이 얼마 되지 않는다.

지속적인 혁신활동을 통하여 경제를 동태(動態)화 하여 사회의 복지도 증진하면서 진정한 이윤을 획득하는 것이 혁신에 기반을 둔, 보다 항구적인 초과이윤의 원천이 될 것이며 진정한 '건설적인 기업가정신'이라고 할 수 있을 것이다.

또한 기존 확립된 시장의 진입장벽의 보호 안에서 독과점 이윤을 누리지 않고, 불확실한 미래에 대하여 '새로운 결합'을 추구하는 실험정신과 모험정신이 '건설적인 기업가정신'이며, 사회는 이러한 기업가정신이 자유롭게 발휘될 수 있는 여건을 마련하여야 할 것이다.

읽어보기

혁신과 기업가정신

(1) 혁신과 슘페터

'20세기가 케인스의 시대였다면 21세기는 슘페터의 시대다.' 상당수의 경제학자들은 21세기에도 살아남을 경제학자로 슘페터를 꼽는데 주저하지 않는다. 그가 100여 년 전 던진 '기업가정신(entrepreneurship)' '창조적 파괴' '혁신' 등에 대한 물음은 오늘날 세계화와 무한경쟁, 지식기반 경제가 몰고 온 대 격변을 이해하고 헤쳐 나가는데 필요한 통찰들을 제공한다. 최근 미국발 글로벌 금융위기로 케인스식 단기 수요 처방이 다시 각광받는 듯 하지만 장기적으로 보면 결국 슘페터적 혁신 없이 진정한 위기극복은 불가능하다. 케인스의 그늘에 가려 있다가 사후 40여 년이 지난 1990년대 들어 진가를 인정받고 있는 슘페터의 삶과 사상을 재조명해 본다.

… 1950년 1월 슘페터는 산더미 같은 미완의 원고 뭉치들만 남긴 채 세상을 떠났다. 죽기 전날 밤에도 다음에 있을 강연 원고를 손질하고 있었다. 경영학의 아버지인 피터 드러커는 슘페터가 죽기 며칠 전 병문안을 갔다. 같은 오스트리아 출신으로 피터 드러커의 아버지는 슘페터의 오랜 친구였다. 당대 최고의 명성을 누리고 있던 30세 때 슘페터는 '당신은 진정 어떤 사람으로 기억되길 바라는가?'라는 물음에 특유의 오만함으로 이렇게 답한 적이 있다. "나는 빈 최고의 연인으로, 유럽 최고의 승마인으로, 그리

고 세계 최고의 경제학자로 기억되길 바랍니다." 피커 드러커가 죽음을 앞둔 그에게 똑같은 질문을 던지자 이렇게 말했다. "그 당시와는 전혀 다른 대답을 준비하고 있네. 나는 대여섯 명의 우수한 학생을 일류 경제학자로 키운 교수로 기억되길 바란다네. 이제는 책이나 이론으로 기억되는 것만으로는 충분하지 않다는 것을 알만한 나이가 되었어. 책과 이론이 진정 사람의 삶을 변화시키지 않으면 무슨 소용이 있겠나."

■ 혁신의 경제학 : 피터 드러커의 표현을 빌리면 '주요 경제학자 중 유일하게 슘페터만이 기업가의 역할에 주목했다'. 전통 경제학에는 기업가가 들어설 자리가 없었다. 항상 수요와 공급이 모든 것을 결정했다. 마르크스의 경제학도 노동자와 자본가의 이항대립으로만 구성됐다. 기업가는 때로 자본가가 되기도 하지만 이 둘은 서로 구분된다. 슘페터는 기업가를 '새로운 결합을 능동적으로 수행하는 것이 자신의 기능인 경제주체'라고 명확하게 정의한다. 이런 점에서 기업가는 단순한 생산 관리자와도 차이가 난다.

슘페터에 의해 '기업가'는 자본주의의 역동성을 대표하는 주역으로 화려하게 등장했다. 기업가는 획기적인 방식으로 '새로운 결합'을 수행해 기존의 균형 상태를 뒤흔든다. 슘페터는 이러한 새로운 결합, 즉 혁신의 유형을 ① 소비자들이 아직 모르는 재화 또는 새로운 품질의 재화의 생산, ② 해당 산업 부문에서 사실상 알려지지 않은 생산 방법의 도입, ③ 새로운 판로의 개척, ④ 원료 혹은 반제품의 새로운 공급의 획득, ⑤ 독점적 지위 등 새로운 조직의 실현 등 5가지로 정리한다. 혁신에 성공한 기업가는 추가이윤을 가져간다. 자본주의 경제에서 이러한 '기업가 이윤'은 잉여가치의 유일한 원천이다.

새로운 결합의 등장은 구결합의 도태를 동반한다. 혁신은 과거의 지식이나 기술, 투자를 쓸모없게 만드는 것이다. 그 유명한 '창조적 파괴(creative destruction)'의 개념이 여기서 나온다. 슘페터는 기업가의 창조적 파괴행위가 바로 자본주의의 역동성과 경제발전을 가져오는 원동력이라고 강조한다. 혁신에 성공한 기업가에게 주어지는 초과이윤은 모방자들의 등장으로 자연스럽게 소멸돼 새로운 균형 상태를 이룬다. 슘페터의 천재성은 이처럼 경제체계를 하나의 균형 상태에서 다른 균형 상태로 끊임없이 몰고 가는 힘이 경제체계 자체에 내재한다고 본 데서 빛을 발한다. 슘페터는 이러한 아이디어를 확장해 1939년 '경기순환론'을 썼다.

다윈의 적자생존론을 연상시키는 '창조적 파괴'는 사실 그리 기분 좋은 개념은 아니다. 창조적 파괴에는 중단이 없기 때문이다. 현재의 성공에 안주하는 자는 조만간 지반이 꺼지는 위험을 피할 수 없다. 한때 수많은 사람들의 사랑을 받던 카세트테이프는 콤팩트디스크(CD)에 밀려났으며 CD 역시 순식간에 MP3에 자리를 내주고 있다. 제록스(복사기)와 폴라로이드(즉석카메라)처럼 혁신적인 제품을 내놓고 새로운 산업을 주도하던 기업들도 더 뛰어난 디자인과 가격 경쟁력을 앞세운 경쟁자들에 밀려 수익률 하락을 경험하고 있다.

그렇다면 기업가는 왜 끊임없이 혁신을 시도하는 것일까. 슘페터는 기업가 혁신의 동인을 3가지로 설명한다. 첫째는 사적(私的) 제국을 건설하려는 꿈과 의지다. 현대사회에서 과거식의 제국은 존재할 수 없지만 지배자적 지위에 대한 매혹은 여전히 강력하다. 이것은 사회적 권위에 도달하는 다른 길을 가지지 못한 사람들에게 특히 중요하다. 둘째는 승리자가 되고자 하는 의지다. 이는 성공 그 자체를 위해 성공하려는 의지를 뜻한다. 이윤은 종종 성공의 지표가 되고 승리를 기념하는 기둥이 된다. 말하자면 경제 행위는 스포츠와 같은 것이 된다. 셋째는 창조의 기쁨이다. 단순한 상점주가 하루 노동을 간신히 마친 것과는 달리 기업가는 변화와 모험 그 자체를 위해 변화를 선택하고 과감하게 돌진한다. 이는 일에 대한 기쁨, 새로운 창조 그 자체에 대한 기쁨과 마찬가지다. …

3. 스타트업 기업의 경영 사이클

경영은 기업의 목표를 달성하기 위한 활동과 과정으로 이를 위해,

• 계획을 세우고(Plan)
• 이를 실행하며(Do)
• 실행결과를 평가하고(See) 이를 다시 계획에 반영(Feed-back)

하는 일련의 연속과정으로 이루어진다.

이를 경영의 순환과정이라고 하며 각 단계의 머리글자를 따서 'PDS' 사이클이라고 한다.

경영활동은 한번만 하고 끝나는 것이 아니라 당초 세웠던 계획의 실행결과를 새로운 계획에 계속적으로 피드백하면서 기업의 목표를 달성하기 위한 방법으로 순환된다.

1) 스타트업 기업의 경영 사이클 체계

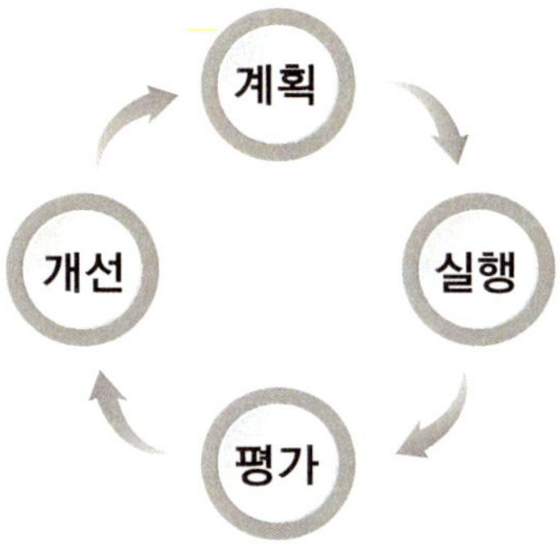

(1) 계획수립(Plan)

계획수립은 기업 또는 세부 조직이 달성하려는 미래의 목표를 정하고, 이 목표를 달성하기 위해 직원들이 어떤 일을 어떻게 해야 하는지를 정하는 것이 경영활동에서 가장 중요하다고 할 수 있다. 계획을 수립할 때는 과거에 경험된 자료나 결과보고서 등을 참고하는 것도 좋은 과정이며, 기업은 연속되는 기업 활동에서 자료의 관리에도 신경을 써야 한다.

계획을 수립할 때에는 실행 기간에 따라 단기계획, 중기계획, 장기계획 등으로 나눌 수 있다. 일반적으로 단기계획은 1년 이내의 일상적인 조직 활동에 대한 계획을 말하며, 중기계획은 2~3년 정도의 전술적인 면이 강한 계획이다. 장기계획은 3년 이상의 기간을 대상으로 수립되는 계획을 말한다. 또한 계획은 경영활동에 대한 계획이라는 점 외에도 실행된 경영활동의 평가 기준이 된다는 점에서 매우 중요한 의미가 있다.

(2) 실행(Do)

계획이 수립되었으면 이를 실행한다. 실행단계에서는 계획수립단계에서 계획된 그대로 실천하면 된다. 계획에 나타난 바에 의해 조직화하고 대표자의 지휘와 조정에 따라 업무를 수행한다.

(3) 평가(See) 및 피드백(Feed-back)

경영활동의 단계에서 마지막 단계인 평가는 경영활동의 실행결과가 당초 수립되었던 계획과 얼마나 일치하는지를 판단하는 활동이다. 평가를 해보면 두 가지로 구분될 수 있다. 하나는 계획보다 성과가 나은 경우이고, 다른 하나는 성과가 계획에 못 미친 결과이다. 성과가 좋은 경우에는 직원에 대한 보상과 칭찬이 주어져야 하고, 미흡한 경우에는 그 원인분석이 선행되어야 한다. 분석된 결과는 다음계획 수립 시 반영하여 보완하도록 한다.

4. 스타트업 경영과 기업문화

세계적인 디자인 컨설팅 그룹 IDEO의 톰 켈리 공동 대표는 "기업이 성공하기 위해선 일하는 공간을 집처럼 사랑할 수 있게 만들어야 한다"며 즐겁게 일할 수 있는 업무 환경 조성의 필요성을 언급했다. 스타트업으로 성공한 구글, 페이스북, 넷플릭스 등이 기업 문화 구축에 공을 들인 이유도 여기에 있을 것이다.

기업문화란 기업 내에 존재하는 다듬어진 행동양식으로 기업 내 조직 구성원에 의해 의식적 · 무의식적으로 만들어지고 형성되는 것이다.

기업의 목표를 달성하는 과정에서 공유된 가치관과 신념, 조직 고유의 상징 특징 및 관리관행, 규범 등으로 이루어진 기업 특유의 문화적 가치 행동체계를 말하며, 구성요소는 사명(Mission), 비전(Vision), 경영이념, 핵심요소, 행동지침 등이 있다.

스타트업 기업의 경우 새롭게 조직을 구성하고 문화를 구축하기 때문에 기존의 오래된 기업보다 기업문화 만들어 나가기 좋다. 그러나 하버드 경영대학원 조사에 따르면 스타트업 4곳 중 한 곳이 창업 1년 안에 문을 닫고, 4년 안에 폐업할 확률은 전체의 75%에 달한 것으로 조사됐다. 업계 1위를 달리다가도 하루아침에 도산하고, 수백억대 투자를 받고도 성공을 장담할 수 없는 게 스타트업계의 현실인 것이다.

따라서, 톡톡 튀는 기업문화는 여전히 선망의 대상이나 기업의 현실에 맞게 구성원들과 함께 설정해야 한다.

1) 스타트업 기업의 기업문화 사례

- 직책이나 업무 관계없이 누구에게나 1 대1 로 대화 신청
- 직원 모두의 지출결의서를 공유해 투명성과 책임감 공유
- 매일 오전 스크럼 회의와 스프린트 회고로 서로의 생각 공유
- '좋은 질문이 좋은 회사를 만든다' 월 1회 미팅 진행

(1) 우아한형제 배달의 민족

웃자, 웃어! '배달의 민족'

배달의 민족을 운영하는 우아한형제 사무실은 긍정적인 기업문화를 재미있게 표현한 기발한 문구로 도배되어 있어서 마치 건물 전체가 말을 걸어오는 기분을 느낄 수 있다.

또한 눈치 보지 않고 인사 없이 퇴근하며 휴가계를 낼 때는 사유를 쓰지 않으며, 월요일엔 오후에 출근하고 기념일엔 조기에 퇴근하는 제도를 운영한다.

'4.5일제'는 모든 직원이 월요일에는 오후 1시(평상시 오전 9시)까지 출근하는 특별한 기업 문화다. 빠르게 성장하는 스타트업의 특성상 야근이 많다. 직원들에게 휴식 시간이 필수지만 다른 회사들처럼 특별히 정한 요일에 일찍 퇴근할 수 있도록 해도 업무가 많은 사람은 어차피 남는다. 그래서 아예 월요일 출근을 늦춰서 직원들의 만족도를 높였다는 설명이다.

'지만가(지금 만나러 갑니다)'도 '우아한형제'의 독특한 문화다. '지만가'는 본인 생일과 결혼기념일, 배우자 · 자녀 · 양가 부모님 생일에 평소보다 2시간 빠른 오후 4시에 퇴근하는 제도다. 배달의 민족은 유독 '눈치 보는 행위'를 싫어하는 분위기다.

(2) 떠나고 싶을 때 떠나자! '직방'

일과 휴식의 균형을 중시하는 기업으로 자신이 원하면 휴가를 갈 수 있다. 연차를 자유롭게 쓰며 재충전을 위한 휴가를 가지는 것이다. 직원들이 가장 좋아하는 문화(리프레시 휴가)로 연차 중 최대 14일까지 휴가를 내면 회사가 직원에게 항공비용(최대100만원)을 제공한다. 원래 근속 1년 이상에게만 주어지던 제도지만 2016년부터 전 직원에게 적용했다고 한다.

직방의 직원들은 임금이나 고용안정성 등의 전통적인 직장의 조건이 아닌 성장과 발전 가능성, 기업의 문화와 분위기 등을 보고 직장을 선택했다는 후문이다. 직방의 사내문화는 수평적이고 평등한 관계로 서로 존중하고 배려하는 분위기가 특징이다.

(3) 소통의 완전한 개방, '카닥'

카닥은 소수정예를 표방한다. 다음의 사내 벤처로 시작해 최근 카카오에 인수되었지만 스타트업 야성을 잘 지키고 있다는 평가다.

일단 팀 단위 조직이 없다는 점이 눈길을 끈다. 일정규모가 되지 않으면 스타트업에 팀은 필요 없다는 것이 카닥의 방침이라고 한다.

또 직원들은 별도의 소통 채널과 불필요한 보고체계가 없다. 대신 사업계획을 회의할 때 임직원 모두가 함께 공유하고 이에 맞춰 팀을 만든다. 덕분에 빠른 의사결정으로 계획한 신규 사업을 달성한다는 설명이다. 당연히 파티션도 없다.

매일 아침 스탠딩 회의에서 임직원 모두가 하고 있는 일, 계획 등을 1~2분 동안 공유하기도 한다. 일종의 스팟성이다.

특별한 점심 문화인 '호스트 제도'도 있다. 이 제도는 매일 19명의 팀원을 4개의 조로 무작위로 나누어 각 조마다 한 명씩 호스트를 두는 것이다. 호스트의 역할은 점심메뉴를 정하고 회사에서 지원하는 한 사람당 7,000원의 밥값을 제외한 나머지 금액을 계산한다고 한다.

4차 산업혁명시대

스타트업 창업실무와 경영전략

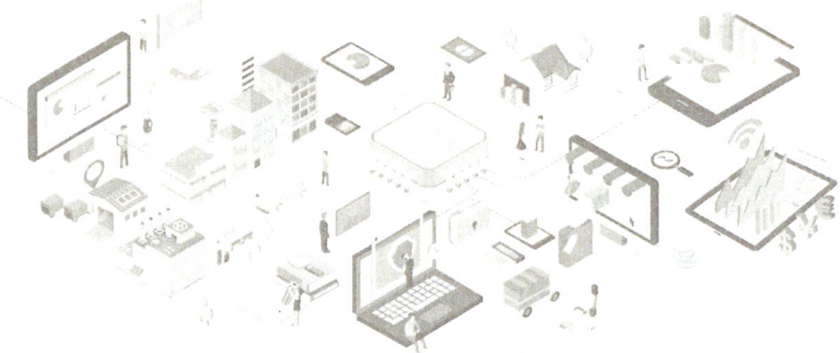

Chapter 02

Start, 아이템 찾기

1. 아이템의 중요성
2. 변화속에서 창업기회 찾기
3. 창업아이템 탐색

Chapter 02 Start, 아이템 찾기

1. 아이템의 중요성

1) 시작이 반, 아이템 찾기

창업할 때 고민되는 부분 중 하나가 아이템을 선정하는 것이다. 좋은 아이템을 찾기 위해 오늘도 수많은 예비창업자들이 동대문시장을 거닐기도 하고 일본, 중국 등으로 가는 보따리 무역선에 몸을 싣기도 한다.

아이템 선정은 단순히 판매할 제품만 결정하는 것이 아니다.

제조, 유통, 판매, 소비과정 등을 고려해야 하고, 경쟁자와 소비자가 분석되어야 한다. 수요에 비해 공급이 넘쳐나고, 가격비교 사이트 등을 통해 대부분의 가격을 소비자가 먼저 알고 있기 때문에 대박 아이템을 찾기란 쉽지 않은 일이다.

아이템을 잘못 선택하면 제품과 서비스를 개발하는 데 들인 시간과 돈을 낭비하게 되고, 이는 마케팅의 어려움으로 이어져 비즈니스를 힘들게 한다.

2) 적성 + 경험이 아이템을 만든다

일반적으로 창업아이템은 새롭고 유익하거나 품질이 좋아야 한다. 또한 기존보다 더 싸게 상품을 만들 수 있을 때 경쟁력이 있다. 창업자가 아이템을 선정하기 위해서는 자신의 경험, 성격, 자금 규모, 전문성, 내 · 외부 환경 등이 고려되어야 한다.

아이템 선정 시 주요하게 고려해야 할 사항은 〈표 2-1〉과 같다.

〈표 2-1〉 창업아이템 탐색 시 고려사항

항목	비고
창업자가 재미를 느낄 수 있는 아이템인가?	자신의 성격, 능력, 관심 분야, 가치관 등과 맞아야 한다.
상품의 공급은 쉬운가?	원자재, 인력 등 상품의 제조와 공급이 쉬워야 한다.
창업자가 잘 아는 제품인가?	제품의 기술적 특성, 유통 특성 등 창업자의 전문성이 중요하다.
아이템은 세분화된 것인가?	시간과 자본의 한계가 있는 창업기업은 세분시장을 공략해야 한다.
경쟁이 치열한 아이템은 아닌가?	경쟁이 치열한 아이템은 대기업이나 기존 사업자가 더 잘할 가능성이 높다.
재구매가 가능한 아이템인가?	기존 고객의 재구매가 많아야 수익성이 높아진다.
제품 배송 시 파손 등의 위험 부담은 없는가?	파손되기 쉬운 제품은 배송과 운반에 추가 비용이 들어간다.
반품의 확률이 낮은 제품인가? 높은 제품인가?	책과 같이 표준화된 제품은 반품이 낮은 반면, 개인의 취향이 중요한 상품은 반품이 높다.
가격 경쟁력을 가지고 있는가?	경쟁자 및 대체상품이 가격으로 경쟁할 때 대응할 수 있어야 한다.
유사 경쟁업체와 차별화가 가능한가?	차별화가 없는 비슷한 상품이라면, 고객은 가격에 영향을 받는다.
대기업이 단기간 내에 진입할 가능성은?	대기업은 낮은 원가로 제조하여 단기간에 유통할 수 있다.
유행과 관련된 제품인가?	유행을 타는 아이템은 지속될 수 없다.
계절에 따라 수요가 달라지지 않는가?	농산물같이 계절적 영향을 받는 아이템은 지속적 판매에 한계가 있다.
법적으로 문제는 없는가?	주세법, 청소년보호법 등 법적 문제가 없어야 한다.
어느 정도의 수익성이 있는 제품인가?	원가, 세금, 수수료, 재고비, 마케팅비, 인건비 등을 고려해야 한다.

3) 내가 찾은 아이템, 괜찮은 아이템인지 확인하기

아이템 선정을 위해서는 내부역량 점검과 함께 외부적인 사항도 고민해야 한다. 잠재고객이 파악되어야 하며, 위험부담이 적으면서 경쟁 상품과 차별 점을 가질 수 있는지, 법적으로 문제는 없는지, 공급은 원활히 이루어질 수 있는지 등이 충분히 검토되어야 한다.

간혹 경쟁자가 존재하지 않는다고 하는 예비창업자들이 있다. 과연 그럴까? 이는 같은 시장 내에서만 경쟁자를 찾았기 때문이다. 아이템을 분석할 때 주의해야 할 점 중의 하나는 같은 시장 내의 경쟁자와 함께 고객을 공유할 수 있는 대체시장을 검토하는 것이다. 나이키가 경쟁회사를 닌텐도로 선정했던 사례를 상기해야 한다. 많은 사람들이 게임을 하느라 운동을 하지 않는다면 이는 분명 대체 시장 관점에서 경쟁자가 되는 것이다.

2. 변화속에서 창업기회 찾기

트렌드는 사람들의 보편적인 생각이자 행동이며 욕구에서 비롯된다. 그래서 현실과 일상의 수많은 단서에서 변화를 예측할 수 있다. 트렌드가 어떤 이유로 만들어졌고, 진화하고 있는지, 어떤 것에 영향을 미치고 있는지, 어떤 비즈니스 기회를 만들어 낼지 아는 것이 더 중요하다.

특히, 4차산업혁명에 따른 기술 개발 전략분야나 미래 유망신기술도 집중적으로 체크해 보아야한다.

〈표 2-2〉 소비자 환경과 소비트렌드 변화

소비자 환경	소비트렌드 변화
• 경제성장률이 2% 대를 넘지 못하는 장기 저성장 시대 • 저 출산, 고령화 등으로 1~2인 가구가 30%에 육박 • 스마트폰 일상화와 다양한 사물인터넷(IoT) 기기 증가 • 내국인의 해외여행, 중국 등 외국인의 국내 여행 급증 • 맞벌이 가구 비율이 44%, 500만 가구에 이르고 있음	• 미래 소득과 건강불안으로 스마트소비와 건강 상품 소비 증가 • 소량, 다빈도, 근거리 소비 성향의 증가 • 모바일 중심의 온라인 쇼핑 확산 (저렴한 가격, 편의성) • 내국인의 해외 소비 증가, 외국인(특히, 중국인)의 국내 소비 증가, 해외직구 · 역직구 증가 • 배달 업종, 가사대행 등 시간을 절약해주는 서비스 증가

1) 유통업종 트렌드와 창업기회의 발견

(1) 온라인 투자를 강화하는 대형마트

대형마트는 동반성장에 대한 사회적 요구 증가로 영업시간 제한, 의무 휴일제, 판매장려금 규제 등으로 활동이 제한되고 있지만, 온라인 판매와 창고형 매장 강화, 자체 상품(PB) 및 글로벌 소싱 확대로 가격경쟁력을 갖추어 가고 있다.

(2) 온 · 오프라인을 통합하는 백화점

매장에서 보고, 온라인으로 구매하는 쇼루밍(Showrooming)족 증가와 아울렛, 홈쇼핑, 인터넷쇼핑몰 등 저가격 채널로의 고객 이탈과 해외 직구나 면세점 등 백화점 대비 저렴한 채널로의 고객 이탈 등의 위협요인이 있다. 때문에 VIP, 외국인, 젊은 고객, 남성 고객 등 고객별 최적화 전략을 취하고 있다. 또한 온 · 오프라인 고객 데이터 통합 작업으로 마케팅을 일원화하고 디지털 사이니지, 앱 서비스, 스마트결제 등 옴니채널 전략을 강화하고 있다.

(3) 유통혁신을 도모하는 슈퍼마켓

주력 분야인 식료품 시장의 경쟁 심화, 골목 상권 살리기 지원 사업 부진, 기업형 슈퍼마켓에 대한 동반성장 요구가 증가되는 가운데 중소 슈퍼마켓 연합을 통해 경쟁력을 강화하고 있다. 로컬푸드 등 유통혁신과 서비스 상품 판매, 온라인 판매와 배송서비스 강화 등으로 사업을 전개하고 있다.

(4) 생활편의용품을 판매하는 편의점

신규 출점 제한, 24시간 강제영업 금지, 경쟁 심화 및 수익률 하락이 예상되는 가운데 양적 성장보다 수익성 개선에 초점을 두고 있다. 부실점포 구조 조정 및 수익성 제고를 위한 상품, 서비스 전략을 강화하고 있다. 1~2인 가구를 중심으로 근거리 소량 구매 패턴이 지속될 것이다.

(5) 모바일로 확장하는 인터넷쇼핑몰

해외에서 직접 구매하는 소비트렌드 확산과 검색포털 서비스의 가격 비교, 신규 업체 시장 진입 등으로 수익성 악화가 예상되는 가운데, 경쟁우위 확보를 위한 옴니채널 및 모바일 플랫폼 투자를 확대하고 있다. 모바일 쇼핑이 인터넷쇼핑몰 성장을 견인하고 있는 중이다.

2) 외식업종 트렌드와 창업기회의 발견

(1) 나홀로족을 적극 겨냥한 음식업종

혼자 사는 나홀로족을 위해 소량으로 소분되어 있는 과일과 다양하게 나오는 간편조리식품, 팩으로 포장된 채소와 손질된 재료, 남의 시선을 의식하지 않으면서 음식을 먹을 수 있는 1인 식당, 퇴근 후 혼자서 음식을 먹을 수 있는 심야식당까지 음식업종은 1~2인 가구를 적극 공략해야 한다. 커피전문점 이나 프랜차이즈 요식업체는 이미 계속해서 증가하는 1인 고객에 대비하고 있다.

(2) 스테디 마켓, 건강음식

건강음식으로 대표되는 슬로푸드, 아날로그푸드 시장은 꾸준히 각광받을 것으로 전망된다. 사람들은 원산지 표시에 더욱 관심을 가질 것이며, 나트륨 함량 등 건강과 관련된 것에 더욱 민감하게 반응할 것이다. 잘 먹고 잘 사는 시대에서는 양보다는 질을 중시하게 된다.

(3) 초소형, 서민형, 복고형 증가

세계경제가 긴 불황의 터널에서 좀처럼 빠져나오지 못하면서 '불황형 소비'가 이어지고 있다. 가벼워진 주머니로 배불리 먹을 수 있는 서민형 먹거리 시장이 음식 업종의 한 축을 이끌어 가고 있다. 경기 여파로 인해서 초소형 음식점이나 서민형 음식점, 복고형 음식점들이 증가할 것이다.

3) 서비스업종 트렌드와 창업기회의 발견

(1) 이너뷰티(inner beauty) 시장이 뜬다

소득수준이 증가하면서 삶의 질 향상, 고급화, 감성소비 등에 비례하여 전 세계적으로 급격히 성장하고 있는 분야가 뷰티와 건강 서비스업이다. 고령화, 외모 중시 경향 등 사회적 영향으로 아름답게 사는 것을 추구하는 안티에이징(anti-aging)이 새로운 산업 트렌드를 만들고 있다.

(2) 뭐든 맡기면 OK, 대행서비스

맞벌이 부부의 증가와 1인 세대를 위한 맞춤형 집수리 및 집안일 서비스의 약진이 예상된다. 이른바 '슈퍼맨아빠' 콘셉트의 생활서비스업은 각종 대행 서비스 형태로 확장될 것이다. 대행서비스는 저렴한 금액으로 각종 서류 대행부터 음식배달 대행 서비스까지 모든 것을 대신해주고 있다.

(3) 건강과 취미를 동시에, 레저스포츠

등산로나 초원 등을 빠르게 걷거나 뛰는 트레일 러닝(trail running), 음악에 맞춰 고정식 자전거를 타면서 스트레칭 등을 하는 스피닝, 바쁜 현대 여성이 30분이라는 짧은 시간에 저렴한 비용으로 꾸준히 운동할 수 있도록 고안된 피트니스까지 건강과 취미를 동시에 추구하는 레저스포츠는 여전히 강세를 띨 것으로 예측된다.

(4) 진정한 쉼을 지향하는 휴(休)비즈니스

펜션 등의 시설 서비스업은 단순히 숙박사업의 개념을 뛰어넘는 목적 지향의 휴(休)비즈니스 콘셉트로 발전될 전망이다. 놀고먹고 가는 공간에서 편하게 쉬었다 가는 공간으로 바뀌고 있다. 지방자치단체에서 운영하는 편백 숲 숙박시설은 '방 구하기가 하늘의 별따기'라고 할 정도로 휴(休)비즈니스는 성업 중이다.

4) 문화 트렌드와 창업기회의 발견

(1) 나를 위해 소비한다. 30~40대
국내 백화점 연령대별 매출 구성비는 30~40대가 55% 이상을 차지한다. 특히, YOLO(You Only Live Once)와 같은 라이프 스타일이 붐을 일으키면서 자신을 위한 소비에 있어 남의 눈을 의식하지 않는 사람이 늘고 있다. 좋아하는 캐릭터 장난감을 수집하는 키덜트 족에서부터 서핑이나 보드, 스키를 탈 때도 장비를 직접 구입해 본인만의 개성을 드러낼 수 있는 기회로 삼는 경우도 많다.
(2) 스마트 기술이 바꾼 풍경
스마트폰 5,000만대 시대, 어디에서나 손쉽게 스마트폰으로 정보를 검색하고, 서로 연결될 수 있는 시대가 되면서 사람들은 사람과 대화하지 않고 스마트폰만 들여다보고 있다. 모바일기기 사용시간이 TV를 추월하여 일상 속에서 없어서는 안 되는 것이 된 지 오래이다.

(3) Inner beauty만 중요한 것이 아니다. Inner peace를 챙길 때!
바쁜 일상과 치열한 경쟁에서 오는 스트레스와 상처를 치유하고 싶은 사람들이 증가하고 있다. 그러려니 참고 살거나, 가끔 떠나는 휴가로는 현대인의 상처가 해소되지 못한다. 개인뿐 아니라 사회 전체가 그렇다. 현대인에게 가장 필요한 건 자신의 이야기를 들어줄 사람과 자신의 상처에 공감해 줄 콘텐츠이다. 힐링은 교육, 엔터테인먼트, 음료, 취업, 금융, IT에 이르기까지 모든 영역에 적용되고 있다.

(4) 소셜미디어로 연결되는 사람들
모바일로 사람들과 쉽게 대화할 수 있는 카카오톡, 라인, 밴드 등의 서비스가 인기를 얻고 있다. 가족끼리 대화방을 만드는가 하면 동창회, 모임 등도 모두 소셜미디어에서 대화를 하고 있다. 단순히 정보를 소비했던 사람들이 이제는 스마트폰으로 자신의 이야기를 생산하고, 생산된 정보를 트위터, 페이스북, 인스타그램 같은 소셜미디어에 올리는가 하면, 친구들의 이야기를 '좋아요'와 '공유하기' 형태로 유통까지 해주고 있다.

5) 라이프 스타일 트렌드와 창업기회의 발견

(1) 화장하는 남자, 요리하는 남자
'군인이 무슨 화장이야?' 라고 생각할 수 있지만 2010년 출시된 군인용 위장크림은 출시 1년 만에 10만 개가 팔리며 대히트를 쳤다. 외모를 가꾸는 남성을 가리키는 이른바 '그루밍족'을 눈여겨봐야 한다. 실제 남성화장품 시장은 매년 10% 이상 성장하고 있다. 요즘 남자들은 당당하게 육아 휴직을 신청하는가 하면, 살림을 전담하기도 한다. 요리교실에서는 요리를 배우려는 남자들도 증가하고 있다.

(2) 이제는 가족, 반려동물

강아지 전용 맥주가 미국과 일본 등에서 출시되어 판매되고 있다. 우리나라에서도 수입되어 판매되고 있는데, 사람이 마시는 맥주보다 비싸다. 강아지가 가족이 되는 순간 사람들은 가족을 대하듯 애완견을 위해 돈을 쓴다. 시장이 커지면서 점점 고급화되는 경향도 보이고 있다. 청담동에 있는 애견센터에서는 건강검진권이 최고 100만 원에 이르며, 호텔 스위트룸 숙박도 20만 원에 달한다.

(3) 결혼은 선택, 비혼족에 집중하라

평생 한 번도 결혼을 하지 않는 생애 미혼율이 남성 20%, 여성 10%에 달한다. 심지어 2030년에는 남성 30%, 여성 20%로 증가한다고 예측한다. 경기불황의 여파로 결혼을 포기하고 자신만의 라이프 스타일을 추구하는 사람 역시 증가하고 있다. 이처럼 혼자 사는 사람들을 겨냥한 프리미엄 제품 시장도 커지고 있는 추세다.

(4) 공유경제와 럭셔리 소비

정수기, 자동차에 이어 사용하지 않는 방, 입지 않는 옷을 빌려주기도 한다. 이제는 잘 빌리는 게 소비의 미덕이다. 과거처럼 소유가 아닌 공유를 통해서 어떻게 더 잘 쓸까를 고민하면 된다. 파는 것만이 능사가 아니라 빌려주는 것도 주요한 비즈니스 기회가 됐다.

공유를 통해 알뜰한 소비를 하는 한편, 자신의 가치를 높여 주는 명품소비 역시 증가하고 있다. 풍족해서 명품을 사는 것이 아니라 하나를 사더라도 제대로 사는 것이다. 보여 주는 과시가 아니라 나를 위한 소비 형태가 많아지고 있는 추세를 확인할 수 있다.

(5) 개성을 소비하는 사람들

너무 빨리 변하는 시대와 소비문화에 대한 반발로 개성을 소비하는 사람들이 증가하고 있다. 빈티지, 앤티크와 같이 오래되고 낡은 것에 관심을 가지는 이유는 금방 출시된 새것과는 비교할 수 없는 고유의 가치를 지니고 있기 때문이다. 개성을 추구하는 사람들이 증가하면서 맞춤까지는 아니더라도 획일화된 제품 속에서 자신만의 개성을 드러내는 것에 관심을 갖는 사람들이 증가하고 있다.

6) 4차 산업혁명 전략분야와 기술개발 테마에 따른 창업기회의 발견

4차 산업혁명 분류

전략분야	기술개발 테마	전략분야	기술개발 테마
AI/ 빅데이터	• 음성인식 SW • 영상처리 시스템 • 인공지능 플랫폼 • 인지과학 SW • 빅데이터 기반 SW • Cloud Brokering • Cloud service • 가상화/컨테이너	스마트 가전	• 피코 프로젝터 • 스마트 미러 • 에어가전 • 스마트 콘센트 및 플러그 • 스마트 비서 • 융 · 복합형 정수기 • 스마트키친 디바이스 • 고효율 난방기기
5G	• 초고속단거리 무선통신부품 • 5G 무선전송 및 접속 기술 • 5G 프론트홀 · 백홀 기술 • 5G 코어 네트워크 기술 • massive MCT 기술 • 무선 접속을 위한 RRH 기술 • 고속 이동체를 위한 초고속 인터넷 제공	로봇	• 인간 친화형 협동로봇 • 착용형 근력증강 웨어러블 로봇 • 산업용 부상방지 및 작업지원 로봇 • 물류 로봇, 가전 로봇 • 스포츠 시뮬레이터 로봇 • 노인과 장애인을 위한 근력보조 웨어러블 로봇 • 소셜 로봇 플랫폼 및 서비스, 챗봇
정보보호	• 생체인증 • 클라우드 보안 • 사물 인터넷 보안 • 모바일 보안 • 스마트 산업제어시스템(ICS) 보안 • 지능형 자동차 보안 • 지능형 보안위협 대응 • 블록체인/블록체인 기반 보안 • 지능형 영상보안	미래형 자동차	• 운전자용 편의시스템 • 자율주행차량용 카메라 • 정보제공 시스템 • 자율주행자량의 Lidar • 전기자동차 충전인프라 • 친환경 경량화 부품 • 전력변환 시스템 • 전기구동 시스템 • 에너지 저장/관리 시스템
지능형 센서	• 광학부품 및 기기 • 반도체 검사장비 • 반도체 공정장비 • 반도체 패키징 소재 • 전력반도체소자 • 고주파 반도체 • SoC 부품 • 반도체 센서, 반도체 화학 소재	스마트 공장	• 스마트 제조 애플리케이션 • 센서 및 화상처리 기술 • 스마트 제조 CPS • 제조 빅데이터 분석 시스템 • 스마트 제조 AR/VR • 3D 프린팅 제조 시스템 • 산업용 고신뢰/저전력 네트워킹 • 스마트공장 플랫폼
AR/ VR	• AR/VR 응용 서비스 플랫폼 • 실사 기반 AR/VR 영상 입력 장치 • 과업 특화형 개인 AR/VR 디스플레이 도구 • AR/VR 서비스용 콘텐츠 • AR/VR 오감 인터랙션 시스템 • 공간형 AR/VR 디스플레이 솔루션 • AR/VR 콘텐츠 제작용 소프트웨어	바이오	• 유전체분석 및 정보 분석 • 바이오칩 • 분자진단, 면역화학진단 • 웰빙 전통식품 • 건강 기능성 식품 소재 • 기능성 화장품, 아토피개선 화장품 • 부착형 화장품
웨어러블	• 스마트 시계 · 밴드 • 스마트 신발, 스마트 의류, 스마트패치 • 생활약자보조 착용기기 • 실감 · 체험형 웨어러블 디바이스 • 레저 · 스포츠용 웨어러블 디바이스 • 휴대용 생체인증기기 · 시스템	스마트홈	• 생활밀착형 스마트디바이스 • 스마트홈 서비스 플랫폼 • 스마트 통합형 홈 네트워크 연동기술 • 홈/빌딩 지능형 공간 서비스 • 지능형 HEMS
물류	• 물류 로봇 · 드론 관제시스템 • 소형지게차 기술 • 스마트 화물이동정보 모니터링 시스템 • 스마트 패키징 시스템 • 배송물류 라우팅 지원시스템 • 스마트 물류창고	에너지	• 대기오염 물질처리 소재 및 공정 • 수처리 공정 전처리 설비 • 재활용 폐기물 분리 및 재사용 설비 • 연료전지용 M-BOP • xEMS 시스템 • 소규모 분산자원 중개 시스템 • 폐열에너지 활용 시스템 • 제조업 부생가스 재활용 • 레독스 플로우 배터리 • 초고용량 커패시터, 이차전지 전해질 • 건물 일체형 신재생에너지 시스템 • 태양광 발전시스템, 태양광 공정장비 • 소형풍력발전기
안전	• 센서형 식품 안전관리 시스템 • 안전사고 대응 지능형 모니터링시스템 • 지능형 화재안전 대응 시스템 • 유해물질 유통 모니터링 시스템 • 미세먼지 측정 시스템 • 범죄 대응 시스템		

7) 미래 유망신기술(6T)분류에 따른 창업기회의 발견

IT분야 세부기술 분류

구 분(중분류)	기술명(소분류)	분 류 기 준
핵심부품	테라비트급 광통신 부품기술	초광대역 광전송용 광증폭기 핵심소재 및 소자 · 모듈 기술, 광 ADM · 광 회선 분배기 · 광 패킷 라우터 등의 광 네트워크 노드용 광신호처리소자 및 모듈 기술(Tunable LD, 고속 광스위치 등), 광 가입자용 저가격 광통신 소자 및 모듈 기술 등
	집적회로기술	메모리 IC(고속D램, Fe램, Flash Memory, SET메모리 등)설계 · 재료 · 공정기술, 비메모리 반도체(MPU, DSP, ASIC, SoC 등)설계 · 공정기술, 시스템 IC · 화합물반도체 기술 등, CAD를 통한 회로설계 기술, 신 반도체 공정을 위한 Lithography · E-beam 등 장비 기술, 프로세서 · 디지털 통신 · 디지털 방송 등 시스템 설계기술
	차세대 디스플레이 기술	유기발광디스플레이(OLED) 기술 : 유기발광 재료분야 기술, Active-Matrix OLED 패널분야 기술, 구동회로가 일체화된 system-on-display(SOD) 분야 기술 등 전계방출디스플레이(FED) 기술 : 대면적 전계 에미터 분야 기술, 진공 패키징 분야 기술, 저전압 형광체 재료분야 기술 등 3D 기술
	고밀도 정보저장장치 기술	광 저장장치: 경량 헤드 및 매체의 핵심기술 (설계, 제작) 자기 저장장치: 고밀도 하이브리드형 저장장치 헤드 및 매체기술 기타 저장장치: 차세대 고밀도 저장매체 및 헤드기술 (신개념 저장장치 기술) 표준화 기술: 국제표준화에 대처한 원천성 핵심기술
	기타 정보통신 부품기술	기존 디스플레이(PDP, LCD, CRT 등) 기술, 기존 저장장치(HDD, CD-ROM, DVD 등) 기술 등, 디지털/위성 방송용 부품기술, 디지털 가전부품 기술, 모터 · 커넥터 · PCB 등 기타 정보통신 부품기술 등
차세대 네트워크 기반	4세대 이동통신	PHY 기술(고속 전송 및 품질 확보), 다중 안테나 · AMC · MUD · coding 기술, 무선 MAC 기술 및 IP 기술, Mobility · Qos 및 Security 해결기술 등
	대용량 광전송 시스템기술	DWDM, 40Gbps OTDM, WDM over IP, Optical Fiber amplifier 등 네트워크 관련 기술, 새로운 Fiber 및 LD · PD · All optical ADM · switch등 부품기술, ATM-PON · E-PON · WR-PON 등 차세대 가입자 망을 위한 기술
	고속인터넷 네트워킹기술	유 · 무선 통합 네트워크 기술, 유 · 무선 인터넷 통합 멀티서비스 기술, 개방형 네트워크 기술, IP 및 IPv6 관련 무선 및 이동통신 분야의 Mobility, QoS 및 Security 분야 기술, 고속 라우터 기반기술 등
	기타 네트워크기술	기존 통신망(전력, 전화, xDSL, 케이블 등) 기술, 셀룰러 및 PCS 이동통신 네트워크 기술, 고정 네트워크(LAN, WLL 등) 기술, 기타 네트워크 기술
정보처리 시스템 및 S/W	멀티미디어 단말기 및 운영체계기술	이동전화 단말 · 인터넷 정보가전 단말 · 무선인터넷 단말(PDA 등) 기술 등, 유 · 무선 통신 인터페이스 기술, 저전력 · 고성능 단말 설계 기술, 동영상 복원 및 화면 출력 기술, 내장형 실시간 운영체계 기술
	정보보안 및 암호기술	정보인증 · 보안기술, Secure Networking 인프라 및 서비스 기술, 초고속 유무선 통합 네트워크 보안기술, IT-BT 응용 정보보호 서비스 기술 등
	전자상거래 기술	B2C · B2B 기술, 차세대 e-비즈니스인 U-비즈니스 기술, 글로벌 비즈니스 기술 · 협업 비즈니스 기술, 모바일 비즈니스 기술, 디지털 비즈니스 기술, 지능형 비즈니스 기술 등
	신호처리기술 (영상 · 음성처리 · 인식 · 합성)	생체인식기술, 대화형 휴먼 인터페이스 기술, 언어 및 지식 처리 기술, 다국어 자동 번역 기술, 언어 정보 인식 기술, 영상 정보 인식 기술, 내용 기반 영상정보 검색기술, 영상정보 서비스 응용기술, 바이오 정보 분석 기술 · 바이오 신호전달망 상호작용 예측 기술, 바이오 정보검색 기술, 바이오 정보 통합관리 기술 등
	정보검색 및 DB기술	웹 · DB · XML 통합 정보 기술, 웹 마이닝 및 정보 클러스터링 정보구조화 기술, 분산 검색기술, 텍스터 마이닝 기반 지능형 정보검색 기술, 통합정보의 검색 인터페이스 기술, 사용자 프로파일링 및 맞춤정보 서비스 기술 등
	기타 정보처리시스템 및 S/W 기술	전통 가전기술, 기존 컴퓨터 · 서버 · 주변장치 기술, 기타 소프트웨어 기술 등
기타 정보기술	기타 정보기술	ITS, GIS 기술, 기타 전기전자 요소기술(센서 등), 달리 분류되지 않는 정보통신 기술

BT분야 세부기술 분류

구 분(중분류)	기술명(소분류)	분 류 기 준
기초·기반기술	유전체기반 기술	신규 유전체 자원 탐색 및 확보기술, 유전체 서열 고속해독 및 분석기술, 유전체 구조해석기술, 유전자 발현 및 대량생산기술, 화학유전체 기술 등
	단백질체 연구	단백질공학기술, 구조생물학기반기술, 단백질체 구조 및 기능해석기술, 단백질 발현 및 생산기술, 생체내 단백질의 상호네트워크분석기술, 단백질체 고속분석기술, 질병치료제 및 진단시약 개발을 위한 신규마커의 탐색 등
	생물정보학 기술	유전체 및 단백질체의 대량 DB 구축 및 관리, 바이오 DB의 mining을 통한 유용생물정보 발굴, 단백질의 3차구조 및 약물상호작용 연구 등
	생명현상 및 기능연구	노화연구, 유전자발현 조절기술, 극한 환경에서의 생명체 연구, 세포의 증식·분화·사멸·신호전달 연구, 면역 제어 및 세포기능 조절기작 연구, 생체물질의 구조·기능연구, 유전정보 및 기능 유전체학을 이용한 질병 유전자 기능연구 등
	뇌신경과학 연구	신경독성 기전 연구, 신경영양인자 및 신경세포재생연구, 뇌신경질환의 역학 연구, 병인기전 연구 및 조기 진단법, 뇌신경질환 치료제 개발 등
	생물공정 기술	대사공학기술, 재조합 미생물을 이용한 단백질, 아미노산 및 대사산물 생산기술, 재조합 동물 세포를 이용한 단백질 생산기술, 고생산성 생물공정 기술, 세포주 개발기술, 단백질 정제기술 등
	생명공학 산물 안전성 및 유효성 평가기술	유전자재조합 단백질의약품·세포치료제·유전자치료제의 안전성·유효성 평가기술, 바이오식품·바이오화장품·의료기기 등에 대한 안전성·유효성평가기술, 유전자 변형 동식물에 대한 안전성·유효성 평가체계 구축 등
	바이오칩 개발기술	DNA chip, protein chip, lab-on-a chip 등
	기타기초·기반기술	physiomics, Bio-MEMS, 생체모방기술, 달리 분류되지 않는 생명공학 기초·기반기술
보건의료 관련응용	바이오신약 개발기술	약물전달기술, 신규 질병표지물질 개발, 변환단백질 치료제(치료용 항체, 면역독소 항암제, 치료용 백신)개발, 신약후보물질 초고속 검색기술 등
	난치성 질환 치료기술	난치성 질환극복을 위한 면역조절기술, 퇴행성 질환의 조기진단 및 치료기술개발, 개인중심의 맞춤치료기술 등
	생체조직 재생기술	세포분화기술, 조직재생유도기술(tissue engineering), 줄기세포 배양, 3차원 세포배양기술 등
	유전자 치료기술	치료 유전자 발굴 및 유전자 전달 벡터개발, 유전자 조절 스위치 개발 및 벡터의 효율 향상, 유전자 치료제 및 DNA 백신 등
	기능성 바이오소재 기반기술	신기능 바이오 촉매 기술, 유용 천연물 탐색·활용 기술, 바이오 의약품·소재 개발, 신약 후보물질 활용기술 등
	한방응용기술	한약재 안전성 확보, 한의학의 생명자원 산업화, 생명공학기술의 한방응용기술 등
	의과학·의공학 기술	분자의과학 연구, 의료용 생체공학 기술 등
	식품생명공학기술	기능성 식품개발기술 등
	기타 보건의료 관련 응용기술	의료정보체계 기술, 달리 분류되지 않는 보건의료 생명공학기술 등
농업·해양·환경관련 응용	유전자 변형 생물체 개발기술	농업·해양형질전환 동식물, 발생생물공학, 육종기술, 생물체 복제기술, 곤충이용 기반기술, 형질전환 실험동물 모델개발, 형질전환 동식물을 이용한 단백질 생산기술 등
	농업·해양 생물자원의 보존 및 이용기술	생물 다양성 활용기술, 국가 생물다양성 조사·보전, 농업·해양 생물자원 확보 및 유전체 분석·활용기술, 분자표지를 이용한 작물 및 가축의 분자육종 체계 확립, 해양자원을 이용한 신의약·신소재 탐색 개발 및 활용기술 등
	동식물 병해충 제어기술	병충해 관련 유전자 및 단백질 분석기술, 병충해 감염 조기진단 chip 개발 등
	환경 생명공학기술	환경 친화형 생물소재 개발, Bioremediation 등
	기타 농업·해양·환경 응용기술	실험동물 이용 기술, 고유 식품 개발, 달리 분류되지 않는 농업해양 관련 생명공학기술

NT분야 세부기술 분류

구 분(중분류)	기술명(소분류)	분 류 기 준
나노소자 및 시스템	나노전자 소자기술	터널링 자성저항을 이용한 RAM 기술개발, nano-CMOS 구조설계 · 모사 · 제작 및 대체소재 개발, 자성 TMR 및 TMR 소자집적, 단전자 트랜지스터 개발 등
	나노정보 저장기술	나노미터 크기에서 새로운 물리화학적 현상을 발생/감지할 수 있는 기초과학 기술, 소형화된 전자 혹은 자기 소자를 제작할 수 있는 나노공정 기술, 나노소자의 작은 신호증폭에 의한 나노센싱 기술 등
	가변 파장 광소자기술	반도체 나노결정립 형성 및 제어, 자기조립 기술, 나노패턴닝 기술, 다층구조 형성 기술, 유무기 하이브리드 기술, 소자 제조 기술 등
	나노 photonics기술	양자우물과 광자결정 결합에 의한 신기능 · 고성능 LED · LD 구현, 광자결정구조를 활용한 고성능 도파로 및 광병렬회로 구현, 광통신용 광자결정 ADD/DROP 필터, MUX/DEMUX 구현
	기타 나노소자 및 시스템기술	달리 분류되지 않는 나노소자 및 시스템 기술
나노소재	나노소재기술 (나노분말소재, 광학용 나노소재, 고기능 시너지 소재, 촉매 · 환경 · 기능소재에 중점)	나노구조화 소재(나노분말, 나노결정립 벌크, 나노구조 박막)의 제조 기술, 나노소재의 성능평가 기술개발(물성 측정 및 해석), 나노소재의 활용기술 개발 (소자화, 부품화, 시스템화)
	기타 나노소재기술	달리 분류되지 않는 나노소재 기술
나노 바이오보건	나노 바이오 물질 합성 및 분석기술	나노바이오물질 합성 기술개발(분자소자 및 분자기계를 위한 핵심소재), 제한된 공간에서의 바이오 분자의 구동 및 측정기술, 나노바이오 물질의 특성 활용기술 개발 등
	의약 약물전달 시스템	생체적합성 분해성/비분해성 소재 설계 및 합성기술 개발, 생체소재(나노기공소재, 나노입자, 나노섬유) 기술개발, 생체소재의 생체적합성/물리화학적 특성 평가기술 개발, 약물봉입(선택성 부여) 기술개발
	기타 나노바이오보건 기술	달리 분류되지 않는 나노바이오 보건기술
나노 기반 · 공정	원자 · 분자 레벨 물질 조작기술	주사탐침현미경을 이용한 원자분해능 분석 기술 및 원자수준의 구조물(양자점 · 양자선) 형성기술, 원자나 분자수준의 화학반응 유도기술 및 생물고분자 응용기술, 탄소나노튜브 응용기술 등
	나노 측정기술 (100 nm이하)	파장이 0.1-100nm의 고휘도 전자기파 생성기술, 위치 분해능 100 nm 이하 또는 박막의 깊이 분해능 10nm 이하의 정밀도 확보, SPEM, PEEM, STXM, MCD, HRPES, SRPES 등의 개발 등
	나노모사기술	나노구조물의 first-principles, 분자동력학, 열통계 및 최적화 컴퓨터 모사, 원자 및 마이크로미터 크기의 multi-scale 복합계산 방법 개발, MD를 위한 force field의 DB 구축 및 대용량 계산기법의 개발, 나노구조와 열, 전자기장, 접촉 등 외부 환경과의 상호작용 모사
	계면 혹은 표면의 나노구조화기술	나노결정입 소재의 입계면 제어기술(구조, 화학(성분), 결정성), 나노입자의 표면구조 및 표면화학 제어기술, 나노구조의 열적 안정화 기술 등
	나노 신기능 분자합성 기술	신기능성 나노분자의 설계 및 합성기술(광기능성, 전기감응성, 환경감응성, 유기나노튜브, 에너지/물질의 인식/저장/전달용 등), 나노구조물 기능규명 및 nanolink 기술(유기 template 형성 및 분자전선연결, 생체나노분자와 합성나노분자의 연결, 자기조립체) 등
	나노패터팅 공정기술	Pattern fidelity, edge definition 등이 우수한 패터닝 기술개발, 선택적 화학반응을 이용한 극미세 패터닝 기술개발, 화학반응을 통한 고체표면 다층박막 제조기술 개발
	나노화학 공정기술	나노구조체 제조를 위한 화학반응의 전구체 물질 제조기술, 전기화학반응에 의한 나노박막(패터닝 포함) 제조기술, 나노구조화 반응제어 기술
	기타 나노기반 공정기술	달리 분류되지 않는 나노기반 공정기술

ST분야 세부기술 분류

구 분(중분류)	기술명(소분류)	분 류 기 준
위성기술	위성설계 및 개발기술	초정밀 및 저궤도 지구 탐사위성 · 정지궤도 기상위성 · 통신위성 · 소형 과학시험위성 설계 및 개발기술, 위성설계 · 조립 · 시험 기술, 위성체 구조물 기술, 위성체 자세제어 기술, 위성체 전력장치 기술, 위성체 통신장치 기술
	위성관제기술	위성지상국 기술, 관제 시스템 기술
	차세대 통신위성 탑재체기술	위성탑재 관측기기 기술, 위성탑재 통신기기 기술, 우주 핵심기반 기술(열제어 등)
	기타 위성기술	탐사위성 기술 등
발사체 기술	로켓추진 기관기술	고체추진기관 기술, 액체 추진기관 기술, 위성 자세제어 추진기 기술
	소형위성 발사체 개발기술	발사체 구조기술, 추진기관 시스템 종합기술, 로켓 유동방법 및 자세제어 기술
	발사운용, 통제 및 관제기술	발사 관제장치 기술, 로켓 관제 시스템 기술
	기타 발사체기술	대형 우주발사체 기술 등
항공기 기술	항공기 체계종합 및 비행성능기반기술	항공기 체계종합기술, 시험평가 기술
	지능형 자율비행 무인비행기기 시스템(UAV)기술	무인기 설계/해석 기술, 무인기 시험평가 기술, 무인기 제작/조립 기술
	다목적 헬리콥터기술개발	헬리콥터 설계/해석 기술, 헬리콥터 시험평가 기술, 헬리콥터 제작/조립 기술
	기타 항공기기술	항공 제어장비 기술, 항공 전자보기 · 통신기기 기술, 항공기 엔진 기술, 비행시뮬레이션 기술
기타	기타 우주항공기술	우주왕복선 기술, 우주정거장 기술, 완제기 시스템 기술, 비행선 기술 등

ET분야 세부기술 분류

구 분(중분류)	기술명(소분류)	분 류 기 준
환경기반	대기오염물질 저감 및 제거기술	배연탈황 · 탈질 및 미세먼지를 배출원에서 고효율로 제거시키는 기술, 이동오염원 오염물질 저감기술, 다이옥신 · 수은 및 기타 중금속과 같은 미량유해물질 제거기술, CO2 · NOx · SOx · VOC 제거 · 처리기술 및 악취제거기술 등
	자연환경 · 오염토양 · 지하수의 정화 · 복원기술	오염토양 · 지하수 정화 및 복원기술(불량매립지 복원기술, 폐광지역 환경복원기술, 유해화합물, 오염지역 정화기술, 자연정화 촉진기술, 오염지하수 확산방지기술), 하천정화 및 호수 부영양화 저감기술, 토양 · 지하수 복원 요소기술(난분해성 유독물질 정화를 위한 혁신기술 · 기기 · 장비 개발), 토양 · 지하수 통합관리기술(GIS를 이용한 토양지하수 오염 통합관리기술) 등
	수질오염처리 및 재이용기술	질소 · 인 제거기술, 고도처리기술, 하수처리장 자동화를 위한 Fuzzy 이론의 적용 등 전문가 시스템, 산업폐수 고도처리기술, 정수장 · 하수처리장 효율향상기술, 오수 · 분뇨 · 축산폐수 복합처리기술 등
	폐기물 처리 및 활용기술	폐타이어의 재생기술, 폐기물의 자원화 기술, 폐기물 발생 저감 및 매립지 안정화기술, 소각 및 열분해 · 용융기술, 음식물 찌꺼기의 퇴비화 · 사료화를 위한 염분제거기술 등,
	환경관리 · 정보 및 시스템기술	환경데이터 품질관리시스템 · 폐기물 관리시스템 기술 등 환경 정보화 기술, 미래형 환경 위해 관리 및 저감을 위한 유해화학물질 및 환경오염물질의 통합관리 시스템 기술, 해양생태계 및 해양환경 DB 구축 등 통합관리 기술
	기타 환경기반기술	달리 분류되지 않는 기타 환경기반기술

ET분야 세부기술 분류

구 분(중분류)	기술명(소분류)	분 류 기 준
에너지	에너지소재 기술	초고온용 구조 및 기능재료 개발 기술, 시너지재료 기술, 연소 및 발전부품 개발 기술, 고기능 미세원료 합성 및 공정제어 기술, 고효율 가공제어 재료 기술, 에너지 변환 및 저장소재 기술
	미활용 에너지 이용기술	고효율 폐열회수기술, 장거리 열수송기술, 열공급기술 등
	고효율 반응분리공정 기술	고효율 분리공정(분리소재 및 촉매개발 포함)기술, 반응분리동시공정기술(반응증류, 반응흡착, 막반응, 반응흡수), 고효율 반응기 설계, 막모듈 설계 및 제작기술, 기상 및 액상 흡착기술, 석유화학물질 및 생물활성물질분리를 위한 액상흡착 및 막분리, (석유)화학공정의 배기가스로부터 유효성분 회수 및 환경유해성분 제거기술, 수소·CO·합성가스·ETBE·카르복실산 제조 반응분리공정기술
	연료전지기술	용융탄산염형(MCFC)·고분자형(PEMFC)·고체산화물형(SOFC)·직접메탄올형(DMFC)·초소형 실리콘(μ-Si FC) 연료전지, 기타 연료전지 기술
	수소생산 이용기술	화석연료로부터 수소제조 기술 고효율화 (기후변화대응을 위한 이산화탄소 집중 분리), 자연에너지/대체전원을 이용한 물분해 수소 생산기술, 저장·직접(IC엔진 등)/간접연소 등의 이용 관련기술, 바이오매스로부터 열화학적 수소 생산, 기타 신개념의 수소 제조/저장/이용 기술 등
	바이오에너지 기술	바이오 연료(바이오디젤, 바이오에탄올)생산기반기술 및 공정 개발, 폐수·음식 쓰레기 등에서부터 메탄가스 생산(혐기소화) 및 매립지 가스 이용, 바이오 수소 생산공정 개발 등
	에너지저장 이용기술	전기화학적인 에너지저장 원리를 이용하는 차세대 기술, 분자구조가 제어된 에너지저장용 첨단소재 기술, 마이크로미터 이하급 초정밀 제조 기술, 무공해 에너지저장 시스템으로서의 활용 등
	기타 에너지기술	석유/석탄/가스 에너지 기술, 에너지절약기술, 전기발전기술, 2차전지(리튬전지 등)기술, 태양광/풍력/소수력/지열/해양에너지 발전기술 등 달리 분류되지 않는 기타 에너지기술
청정생산	청정원천공정 기술	미생물전환공정·건식세정·초임계 활용공정 기술, 청정생산체제구축을 위한 공정진단 및 관리개선 기술, 청정생산을 위한 공정모사 및 제어기술, 환경친화형생산체제 구축을 위한 생산공정의 전 과정 평가기술 등
	환경친화형소재(Eco-material) 개발기술	난분해성 플라스틱 대체 소재 (천연소재포함), 장수명 부품소재개발, 유해 납이 포함되지 않은 납땜 등
	유해성 원부재료 대체기술	염소·phosgene 등 대체기술, 유해용매 대체기술, 수용성 용매·페인트·무기질시멘트, 산·알칼리 대체공정기술 등
	공정내재자원화(Internal Recycle) 기술	멤브레인을 활용하여 폐수중의 염료회수 및 재사용, water pinch 기술을 사용한 공정폐수 재사용, 재사용을 위한 시스템 구축 등
	기타 청정생산기술	달리 분류되지 않는 기타 청정생산기술
해양환경	해양환경 관리기술	해양환경 감시 및 예측기술·해역별 종합감시 관리체계·해양환경피해 저감기술·해양환경 감시장비 제작 및 계측기술 등, 연안오염 감시 및 관리기술·첨단기법(원격탐사, 해양부이, 계류)에 의한 입체감시기법 시험개발, 적조방제 및 저감기술 등
	연안생태계 복원기술	연안 생태계 보전 및 관리 기술·연안역의 친환경적 이용 및 활용기술·유해물질(유류포함) 관리 및 방제기술, 해상오염물 제거 및 방제기술·연안습지(갯벌) 재생 및 연안생태계 복원 기술 등
	기타 해양환경기술	달리 분류되지 않는 해양환경 기술

CT분야 세부기술 분류

구 분(중분류)	기술명(소분류)	분 류 기 준
문화 컨텐츠	가상현실 및 인공지능 응용기술	가상 스튜디오 기술, 스마트 스튜디오 기술, 실감 미디어 공간설계 구축기술, 실시간 지능형 행위 시뮬레이션/애니메이션 기술
	디지털영상 · 음향 및 디자인기술	미디어 아트, 시각화 기술, 문화예술 전시 기술 분야
	디지털 컨텐츠 저작도구	디지털 컨텐츠 유통을 위한 모델 개발, 디지털 미디어 컨텐츠의 워터마킹 기술, Rich Media 컨텐츠 식별체계 및 관리기술
	게임엔진 제작 및 기반기술	무선인터넷 게임용 분산처리 엔진, 지능형 게임 캐릭터 엔진, 동작 애니메이션 처리 엔진, 실시간 랜더링 엔진
	기타 문화컨텐츠 기술	기타 분류되지 않은 문화컨텐츠 기술
생활문화 (사이버 커뮤니케이션 등)	사이버 커뮤니케이션 기술	인터넷 세대 문화 · 윤리 · 가치 체계, 사이버 스페이스 경영에 관한 방향, 사이버 환경에서의 표현의 자유 · 검열 · 사이버 범죄 · 정보불평 등 구조의 과정
	인터엑티브 미디어기술	텍스트 자동분석을 통한 여론조사, 모바일 커뮤니케이션관련 컨텐츠 구성 및 제공, 인터넷 사이트 실용성(usability)분석 및 평가, 인터액티브 미디어 기술을 이용한 광고와 효과 측정기술
	제품디자인기술	인간중심의 제품디자인 개발, 제품디자인 평가 기술, 디자인에의 감성공학 응용 기술, 제품 안전관련 기술
	기타 생활문화기술	기타 분류되지 않은 생활문화 기술
문화유산	문화원형 복원기술	문화유적의 탐사발굴에 디지털 기술을 통합 · 연계, 원형추정 및 복원기술에 디지털 기술을 통합 · 연계, 저장 및 관리에 디지털 기술을 통합 · 연계, 유형문화재(벽화, 미술품, 공예품, 석탑, 불상, 건축물, 구원 등) 및 무형문화재(소리, 춤, 기예 등) 디지털 복원기술
	기타 문화유산기술	디지털 문서보관소 구축, 국가문화자산 디지털화, 가상현실기법을 이용한 사이버 박물관 구축, 디지털 관광상품개발 등 달리 분류되지 않은 문화유산 기반기술

3. 창업아이템 탐색

1) 등잔 밑에서 아이디어를 찾자

창업과 아이디어 관한 고정관념 중 하나가 높은 기술성이 있거나 혁신적인 것이어야 한다는 것이다. 그러나 세상을 바꿀 혁신적인 아이디어나 높은 기술성은 쉽게 얻어지지 않는다. 세상을 바꿀 수 있는 혁신적인 아이디어 못지않게 일상 속에서 떠오르는 아이디어도 충분한 가치가 있다.

구체적이고 획기적인 아이디어가 없이도 성공을 거둔 기업의 사례는 많다. 예를 들어, 페이스북(Facebook)은 학생들 중 두 명의 사진을 나란히 놓고 누가 더 잘생겼나를 판단하고 투표하는 '페이스매시(facemash)'가 모태이다. 어떻게 보면 우스꽝스럽지만 많은 창업기업은 이렇게 성장한다. 아마존(Amazon)은 인터넷쇼핑몰로 출발하였지만 지금은 전세계 최고의 IT회사가 되었다. 여성의류쇼핑몰 스타일난다(www.stylenanda.com)는 평범한 인터넷쇼핑몰에서 이제는 직접 옷을 디자인하고, 제작하고, 유통하면서 1,000억 원이 넘는 매출액을 올리고 있다.

2) 창업아이템, 스마트 하게 찾기

(1) 롱제넥커 창업아이템 탐색방법론

롱제넥커(J. Longenecker) 등은 창업아이템 탐색을 위한 방법론으로 새로운 제품과 서비스로 새로운 시장을 형성하는 방법, 새로운 기술에 의해서 새로운 제품과 서비스를 제공하는 방법, 개선된 방식으로 기존 제품과 서비스의 기능을 제공함으로써 고객에게 새로운 혜택을 제공하는 방법을 제시했다.2)

창업아이템은 체계적인 탐색과 우연한 발견으로 찾아진다. 체계적인 탐색은 과거의 업무경험 등에서 미흡했던 사항을 보완하는 과정에서 찾을 수 있으며, 생각을 확장하기 위한 다양한 방법론이 존재한다. 우연한 발견방법은 기존과는 다른 관점에서 접근하다 우연한 기회에 아이템을 찾게 되는 경우를 말한다.

자신에게 맞는 창업아이템은 경험과 지식을 통한 발굴, 취미활동을 통한 발굴, 외부의 제안에 의한 발굴, 기존 사업 아이디어의 확장, 예상하지 못한 발견 등으로 구분할 수 있다.

(2) 새로운 아이디어와 파생적 아이디어

우리가 살고 있는 현 시점에서 사업화가 가능해야 한다는 기준으로 본다면 창업 아이디어는 '새로운 아이디어'와 '파생적 아이디어'로 구분할 수 있다.

새로운 아이디어는 기존에 존재하지 않던 새로운 기술로 기존 산업을 무너뜨리거나 새로운 시장을 만들어 내는 것이다. 대표적으로 테슬라모터스(Tesla Moters)를 들 수 있다. 테슬라 모터스는 기존의 고정관념을 깨고 전기자동차만의 장점을 극대화한 고성능 차량을 선보였다. 높은 기술력을 바탕으로 효율성 높은 리튬전지를 개발하고, 미국 전역에 '슈퍼차저(Super Charger)'라는 전기 충전소를 곳곳에 설치해, 테슬라 자동차를 구입한 고객이 무료로 충전할 수 있도록 했다. 기존의 자동차

시장을 파괴하고 새로운 질서를 선도하고 있는 것이다.

국내에서도 전기차 4대 동시충전이 가능한 100kW급 전기충전기 개발한 대영채비(주), 해당 사업 기술개발을 바탕으로 120억원의 연계 매출 달성과 신규일자리 26명을 창출하고 환경부 전기차 충전기 납품에 성공했다.

삼보모터스(주)는 권선계자형 전기자동차 구동모터 국산화율 100%에 성공해 이미 상용화된 전기차용 감속기와 연계한 사업화의 길을 열었다.

이렇듯, 파생적 아이디어는 기존 기술을 재활용한 기술로 기존 제품, 서비스 그리고 프로세스에 기능을 추가하거나 비용절감을 도모한다. 전통적 시장 또는 산업군 내에서 경쟁력 강화를 가능하게 한다. 파생적 아이디어는 점진적 혁신 상품으로 우리가 흔히 사용하는 방식이다. LCD TV에서 LED TV로 발전한 것처럼 기존의 단점을 개선하면서 점진적으로 성능을 향상시키는 것이다. 기존의 불편한 사용방식을 개선한 아이템이 파생적 아이디어에 해당한다.

(3) 마르키데스와 게로스키 모델

마르키데스와 게로스키(Markides & Geroski)는 기업의 기존 역량과 자신에 대한 역량, 소비자의 습관과 행동에 대한 영향을 중심으로 중요한 혁신, 근본적 혁신, 점진적 혁신, 전략적 혁신을 제시했다.

중대한변화 ↑ 소비자의습관과 행동에대한 영향 ↓ 부수적변화

중요한 혁신 major innovation	근본적 혁신 radical innovation
점진적 혁신 increnental innovation	전략적 혁신 strategic innovation

개선 ← 기업의 기존 역량과 자신에 대한 영향 → 파괴

〈그림 2-1〉 마르키데스와 게로스키 모델

전략적 혁신은 소비자의 습관이나 행동에는 큰 변화를 주지 않으면서 기업의 핵심역량이나 자산을 변화시키는 것이다. 전략적 혁신기업은 기존의 게임을 경쟁사보다 잘 수행하여 성공한 기업이 아니라 다른 게임을 수행하여 경쟁사보다 많은 가치를 창출하는 데 성공한 기업들이다. 대표적인 기업이 국내에도 진출한 이케아(IKEA)이다. 젊은 신혼부부를 대상으로 현대적 디자인의 저가 가구로 시장에 진입하였다. 가격을 낮추기 위해 영업사원 대신 셀프서비스 방식을 채택하고, 샘플전시가 아닌 전 제품을 진열하는 방식을 택함으로써 매장 인력을 최소화 하고, 홈리빙 산업의 트렌드를 제안했다.

근본적 혁신은 소비자의 습관이나 행동, 그리고 기업 역량의 변화를 요구하는 것이다. 근본적 혁신을 위해서는 이전까지는 존재하지 않던 완전히 새로운 서비스, 재화, 공정의 혁신이 필요하다. 대표적인 사례로 애플의 아이폰(iphone)을 들 수 있다. 애플은 근본적 혁신을 위해 앱스토어라는 새로운 플랫폼을 도

입하였다. 여기에 머무르지 않고 소프트웨어 개발자들이 아이폰용 애플리케이션을 쉽게 제작할 수 있도록 iOS SDK(Software Development Kit)를 배포하였다. 이를 통해 개발자들은 자신의 아이디어를 상업화할 수 있게 되었다. 애플은 지금까지 존재하지 않았던 근본적 혁신을 만들어 낸 것이다.

중요한 혁신은 소비자의 습관이나 행동에서는 중대한 변화를 추구하되 자사의 역량까지는 혁신하지 않는 것이다. 대표적인 사례가 광동제약의 비타500이다. 광동제약은 정제나 과립 형태로 비타민을 먹어야 한다는 고정관념을 깨고 마시는 비타민을 출시했다. 비타500이 출시되기 이전에는 비타민을 마신다는 개념이 존재하지 않았다.

점진적 혁신은 우리가 흔히 사용하는 방식이다. 불량률을 1% 개선하고, 기존의 단점을 개선하는 방식으로 산업화 시대에 주로 사용되었던 방식이다.

(4) 창업아이디어 탐색

창업아이템은 우연히 발견하거나 체계적인 탐색을 통해 찾을 수 있다.

우연한 발견이란 과거의 경험과 지식, 외부에서 얻은 정보, 취미 활동 등을 통해 예상치 않게 아이디어를 얻는 것이다.

체계적 탐색이란 소비자 분석, 기존 제품과 서비스 분석, 기술의 변화 분석, 트렌드 분석 등을 통해 창업자가 아이템을 체계적으로 분석해서 찾는 것이다.

실습 2-1 창업아이템 발굴하기

아이템 발굴방법	아이디어 원천	창업아이템
경험과 지식	산삼이 몸에 좋은줄 알지만 복용 방법이 매우 불편함	언제 어디서나 산삼을 복용할수 있는 발효삼산 쿠키
취미 활동	주말에 학교 등에서 아마추어 야구가 진행됨	경기장 매칭 서비스
외부정보	커피숍에서 종이에 도장을 찍는 적립방식이 불편함	스마트폰용 쿠폰 적립서비스
사업확장	동대문에서 악세사리 판매 시 사업공간이 제한적임	온라인 쇼핑몰을 통한 악세사리 판매 → 착용해보기 망설이는 고객을 위해 패션쥬얼리 가상(AR) 착용 플랫폼을 만들어 판매
기타		

실습 2-2 창업아이템 토론하기

창업아이디어	누가 고객인가?	기존의 문제점은?	어떠한 가치가 있는가?

Chapter 03

성공 창업의 시작, 시장 바로 알기

1. 시장분석, 왜 해야 할까
2. 시장세분화(market segmentation) 란 무엇인가
3. 포지셔닝(positioning)의 개념과 의의
4. 최종 창업아이템 선정

Chapter 03

성공 창업의 시작, 시장 바로 알기

1. 시장분석, 왜 해야 할까

1) 발바닥에 땀이 나야 성공 창업에 가까워진다

다양한 관점에서 창업아이디어를 찾아보았다면 이것을 검증해 보아야 한다. 허공 속에 그린 아이디어로는 한 걸음도 앞으로 나아갈 수 없다. 말보다는 행동이, 행동보다는 결과가 신뢰를 만든다. 아이디어를 실현시키기 전까지는 그냥 아이디어일 뿐이다.

스티브 잡스(S. Jobs)는 〈The Lost Interview〉에서 이렇게 말했다.

"훌륭한 아이디어가 훌륭한 제품으로 이어지는 데에는 엄청난 양의 장인적인 노력이 포함되며, 그 훌륭한 아이디어를 전개시키는 과정에서 아이디어 자체도 변화되고 성장한다.

처음 떠오른 아이디어는 그대로 구현되지 않는다. 아이디어 구현 과정에서 더 많은 것들을 배우게 되고 동시에 포기해야 하는 것이 수백 가지는 생긴다. 제품을 개발한다는 것은 이런 모든 문제와 부딪히면서 원하는 과정에 도달할 때까지 5,000가지 개념들을 계속 새롭고 다른 방식으로 끼워 맞추는 과정이다."

2) 틈새를 발견해야 달라질 수 있다

미국의 경제학자 시어도어 레빗(T. Levitt)은 "똑같은 상품은 존재하지 않는다. 모든 제품과 서비스마다 차이점이 있다."고 했다. 기업마다 목표로 하는 고객집단이 다르고 문제를 해결하는 방식도 모두 다르다. 창업아이디어를 구상할 때 유사 경쟁상품을 찾아보는 것만으로도 시장과 고객의 특성을 이해할 수 있다. 그 과정에서 틈새가 발견되고 어떻게 차별화할 것인지를 찾을 수 있다. 사업을 구상할 때 가장 먼저 해야 할 일은 경쟁상품의 검색과 조사다.

창업아이디어를 구체적으로 실현하기 위한 첫 번째 과정이 검색이다. 사업계획서를 작성하고, 사무실을 계약하고, 회사를 설립하고, 직원을 채용한 후 시제품을 만들어서 제품을 판매하려고 하면 이미 같은 제품을 다른 회사가 판매하고 있다는 것을 알게 된다.

"경쟁자가 없다", "지금까지 이런 서비스는 없었다", "나는 다를 것이다"와 같은 자기 함정에 빠지지 말아야 한다. 검색포털 사이트에서 몇 개의 키워드와 몇 번의 검색만으로도 시간과 비용을 절약할 수 있다.

3) 겪어보고 시작하자

머릿속의 생각과 현실은 다르다. 조용한 카페에서 커피 내리는 모습이 낭만적으로 보일지 모르지만, 1주일만 체험해보면 얼마나 고되고 힘든 일인지를 알게 된다. 해당 업종을 직접 체험해보거나 오랫동안 해당 분야에서 일해 온 사람과의 대화만큼 소중한 것은 없다. 몸으로 부딪히고 현장의 소리를 듣는다면 거기에서도 새로운 아이디어를 얻을 수 있고 더 나은 대안도 발견할 수 있을 것이다.

2. 시장세분화(market segmentation) 란 무엇인가

1) 시장세분화(market segmentation) 개념과 필요성

(1) 시장세분화의 개념

시장, 소비자, 고객이 경영학과 경영자의 최대 관심사 중의 하나라는 점은 어제 오늘의 이야기가 아니다. 대량공급이 가능한 다수의 경쟁기업이 존재하는 상황에서는 자사제품에 대해 소비자의 관심을 끌고, 구매하도록 하고, 만족하여 재 구매할 수 있게 하는 일이 무엇보다 중요하기 때문이다. 그런 점에서 소비자들의 욕구(needs)를 파악하고 여기에 적절히 대응하는 일은 경영자의 과제로 아무리 강조해도 지나치지 않은 일이다.

고객의 욕구를 파악하여 이를 충족시켜 주는 것, 그리고 이를 통해 기업의 이익을 창출한다는 기본 입장이나 철학을 마케팅 콘셉트(marketing concept)라고 한다. 그러나 고객의 욕구는 고객의 수만큼 다양하며, 이처럼 다양한 욕구에 하나하나 대응하며 충족시킨다는 것은 경제적으로나 현실적으로 불가능한 경우가 대부분이다. 그렇다고 개별고객의 특성과 욕구차이를 무시한 채 일반대중을 대상으로 비차별적인 마케팅 활동을 전개하는 것도 특별한 경우를 제외하고는 한계점을 갖게 마련이다.

시장세분화(market segmentation)는 이러한 양 극단의 입장을 절충하는 해결방안이 되고 있다. 즉, 시장세분화는 고객의 욕구가 다양하여 개인마다 다르다는 점을 인정하되, 이러한 다양성에도 불구하고 이들을 몇 개의 그룹, 즉 세분시장(segment market)으로 집단화할 수 있는 유사성이나 기준이 존재한다는 것을 전제로 한다. 이러한 유사성의 기준은 연령, 소득, 성별, 라이프 스타일 등과 같이 고객의 특성을 기초로 하고 있다. 지역구분에 의한 세분화도 가능하다. 그러나 시장세분화의 본질적 의의는 이러한 특정 기준의 유사성 자체에 있는 것이 아니고, 세분시장별로 기업의 특정 마케팅전략에 유사한 반응을 나타낼 것이라는 점에 있다.

1) 목표고객의 지불 능력은 충분한가?
2) 목표고객이 판매조직에 쉽게 접근할 방법이 있는가?
3) 목표고객이 구매할 수밖에 없는 이유는 무엇인가?
4) 협력업체와 함께 완제품을 당장 출시하는 것이 가능한가?
5) 강력한 시장의 경쟁자가 버티고 있는가?
6) 세분시장의 성공을 발판으로 다른 시장으로 진출할 수 있는가?
7) 가치관, 열정, 목표에 부합하는 시장인가?

(2) 시장세분화의 필요성

시장세분화의 궁극적 의의는 기업의 마케팅 자원을 가장 효율적으로 활용하여 시장에 대응하려는 것이라 할 수 있다. 한정된 기업자원의 효율을 극대화할 수 있는 목표시장(target market)을 선정할 뿐 아니라, 선정된 목표시장별로 적절히 변형된 마케팅 프로그램을 계획, 실행함으로써 시장의 반응을 최대화하는 것이다.

◆시장세분화 필요한 이유

첫째, 시장세분화가 필요한 가장 근본적인 이유는 시장이 이질적인 소비자들로 구성되어 있기 때문이다. 이질적이라는 말은 원하거나 중요하게 생각하는 제품의 속성, 선호하는 가격수준, 구매빈도, 쇼핑습관 등이 다르다는 점을 의미하며, 이처럼 서로 다른 소비자들에게 동일한 방식으로 접근하는 것이 바람직하지 않다는 것을 의미한다. 예를 들어 현대자동차가 '에쿠스' 만으로, 혹은 '아반떼' 만으로 승용차 시장에서 경쟁할 수 있겠는가?

둘째, 표적시장 선정과 진입의 우선순위 결정에 필요하다. 기업의 자원은 한정되어 있다. 인력, 자본, 기술, 마케팅 능력 등 한정된 자원을 효율적으로 사용하려면 성공 가능성이 가장 높은 부문, 즉 세분시장을 목표로 삼을 필요가 있다. 물론 자원의 크기에 따라 목표시장의 수는 달라질 수 있으며, 일반적으로 경험과 역량(자원)의 축적에 따라 더 많은 세분시장에 진입하게 된다.

셋째, 시장세분화는 효율적인 마케팅 프로그램의 계획 및 실행에 필요하다는 점을 들 수 있다. 집단 내 유사성과 집단 간 이질성을 전제로 시장세분화가 이루어졌다면, 집단 내 유사성이 없는 경우 동질적인 하나의 세분시장으로 인식할 수 없으며, 반대로 집단 간 이질성이 없는 경우에는 서로 다른 세분시장으로 구분할 필요가 없을 것이다.

구분된 세분시장별로 마케팅 프로그램을 적절히 변형해 시행하는 것은 당연하다. 세분시장별로 그 특성이나 욕구, 행동양식 등이 다르기 때문에 여기에 대응하는 기업의 마케팅 프로그램도 달라져야 고객의 욕구충족에 보다 충실해질 수 있는 것이다. 다시 말하면 시장의 특성을 제대로 파악하고 이에 대응하여 적절히 마케팅 프로그램을 조합하기 위해서는 시장의 세분화가 선행되어야 한다.

넷째, 시장수요 변화에 신속하게 대응하기 위해 필요하다. 다양한 욕구와 특성을 가진 고객들로 섞여 있는 전체시장을 대상으로 하는 것보다는 비교적 동질적인 세분시장들에 주목하는 것이 고객을 이해하는 데 훨씬 도움이 된다. 뿐만 아니라 고객욕구나 수요변화를 쉽게 파악하고 이에 신속하게 대처하기에도 용이하다. 실제로는 여러 세분시장에서 큰 변화가 있어도 전체적으로는 서로 상쇄되어 변화가 없는 것으로 보일 수도 있기 때문이다.

(3) 지나친 시장세분화의 경계, 시장세분화의 유의점

시장세분화는 세분시장별로 다른 소비자 욕구에 적절히 대응함으로써 전체적인 기업성과를 높이기 위해 하는 것이지 그 자체가 목적이 아니기 때문에 시장세분화는 과도하게 되지 않도록 유의할 필요가 있다.

지나친 시장세분화의 가장 큰 문제점은 세분시장별로 다르게 대응하는 데 소요되는 추가적인 비용이 너무 커질 수 있다는 점이다. 소품종을 대량으로 생산할 때에 비해 다품종을 소량으로 생산할 때의 생산비가 더 커지는 것이 일반적이라는 점은 쉽게 이해할 수 있을 것이다.

생산비뿐만 아니라 많은 세분시장별로 다른 접근을 하려면 마케팅 비용 역시 증가할 수밖에 없다. 물론 이러한 비용증가가 세분시장별 대응에 따른 매출액 증대에 의해 충분히 상쇄되는 한 시장세분화는 일단 정당화될 수 있다. 결국 세분시장별 접근을 통한 매출액 증대 가능성과 여기에 소요되는 비용증가 가능성을 비교분석(cost-benefit analysis)할 필요가 있는 것이다.

〈표 3-1〉 시장 세분화 및 목표고객 선정(타깃팅)

특성	대학생	20~30대 직장인	40~50대	은퇴세대
1. 유형 (거주 및 소유 유형)	임대 90%	임대 70%	임대 30%	임대 10%
	소유 10%	소유 30%	소유 70%	소유 90%
2. 선호도	교통편의 간편생활 (청소, 식사) 저렴한 관리비	교통편의 간편생활 (청소, 식사) 저렴한 관리비 투자처(자산 등)	투자처(자산) 일정소득 교통편의 간편생활	일정소득 투자처(자산 등) 증여
3. 거주도 비율	25%	45%	20%	10%
4. 임대사업 목적	주 수요층	주 수요층	임대보다 분양	분양 후 임대

2) 표적시장(target market) 선정

(1) 표적시장 선정의 개념과 의의

일단 시장을 세분화하고 나면 다음 단계의 결정은 이들 세분시장 중에서 어느 것을 목표로 삼을 것인가 하는 점이다. 목표시장은 하나의 세분시장이 될 수도 있고 모든 세분시장이 될 수도 있다.

물론 소수의 한정된 세분시장을 목표로 삼는 것도 가능하며, 순차적으로 목표시장의 수를 늘려갈 수도 있다.

표적시장(target market)의 선정은 제한된 자원을 가장 효율적으로 사용하여 성과를 높이기 위한 목적으로 이루어지는데, 일반적으로 세분시장의 크기와 성장성, 세분시장 내의 경쟁자 수 및 경쟁 정도, 기업의 자원과 경쟁우위 등을 고려하여 선정하게 된다. 또한 기업이 추구하는 목표도 고려해야 한다. 외형적인 성장을 추구한다면 보다 많은 세분시장을 목표로 삼을 가능성이 높으며, 수익성을 추구한다면 비용 대비 수익이 낮은 세분시장은 진입하지 않을 수 있다. 특정 이미지, 예를 들어 고급이나 명품 이미지를 추구할 경우에는 소수의 한정된 고소득층 세분시장만을 목표로 삼을 것이다.

(2) 표적시장 선정의 전략적 대안

시장세분화를 전제로 했을 때 표적시장 선정과 관련된 마케팅전략 대안은 크게 집중적 마케팅전략과 차별적 마케팅전략으로 구분할 수 있다. 또한 시장세분화의 개념을 적용하지 않는 전략으로 비차별적 마케팅전략을 택할 수도 있다.

3. 포지셔닝(positioning)의 개념과 의의

시장세분화와 표적시장 선정 후 기업이 당면하는 과제는 해당 표적시장 내에서 경쟁자들과 어떻게 경쟁할 것인가 하는 문제다.

거의 대부분의 표적시장에는 동일한 소비자들을 대상으로 경쟁하는 경쟁기업과 제품이 있기 때문이다. 포지셔닝(positioning)이란 목표시장 소비자들에게 어떻게 경쟁제품과 차별화하여 소구할 것인가를 결정하는 일이며, 소비자들의 마음속에 경쟁제품과 비교되게 차별화된 인식을 심어주고자 하는 마케팅 활동을 말한다. 즉, 소비자들의 지각 속에 적절한 위치(position)를 잡는 활동을 의미한다.

포지셔닝이 중요한 이유는 경쟁제품과 브랜드가 너무나 많다는 데 있다. 소비자들은 구매를 결정할 때 이처럼 많은 대안들을 그때마다 새로 평가하기도 하지만, 자신의 인식 속에 위치시키는 일종의 범주화 작업을 토대로 결정하는 경우가 많다. 따라서 소비자들의 마음속에 자사제품의 특징이 차별적으로 드러나도록 위치시키는 노력이 중요하다.

포지셔닝에는 제품의 속성, 이미지, 원산지 등 다양한 기준이 적용될 수 있다. 예를 들어 하이트맥주는 천연 암반수로 만든 순수한 맥주라는 점을 대대적으로 강조함으로써 일거에 업계 순위를 역전시킨 사례가 있다. 또 한 예로 많은 한국기업들이 해외시장에서 '품질에 비해 가격이 저렴한 제품'이라는 점을 강조했거나 의도와 상관없이 해외 소비자들이 그렇게 인식하는 경우도 많았다. 최근 삼성전자는 세계시장을 대상으로 '디지털기술의 선두주자'라는 점을 부각시키며 과거의 포지셔닝을 변경하는(repositioning) 전략을 실행하였다. 갤러리아는 명품전문 백화점이라는 포지셔닝에 맞춰 2007년 밀라노에 지사를 설립하고 글로벌 패션비즈니스의 전초기지로 삼고 있다.

때로는 제품의 원산지(country of origin)가 소비자들의 인식에 큰 영향을 미치기도 하는데 일부기업들은 이러한 원산지 이미지를(물론 우호적인 경우에 한해서) 포지셔닝 포인트로 삼는 경우도 있다. 폭스바겐이 'The Original German'이라는 메시지를 강조하는 것은 독일이 자동차산업에서 갖는 우호적인 이미지를 포지셔닝에 활용하고 있는 것이다. 또한 지오다노(Giordano)가 홍콩 브랜드임에도 불구하고 패션과 유행의 이미지를 강조하기 위해 이태리어를 상표로 사용한 것도 실제 원산지와 상관없이 원산지 이미지를 포지셔닝에 활용하려는 의도로 해석될 수 있다.

- 누구: 당신은 누구인가?
- 무엇: 당신이 하는 일은 무엇인가?
- 누구를 위해: 당신의 고객은 도대체 어떤 사람들인가?
- 니즈: 고객들의 특별한 요구는 무엇인가?
- 경쟁상대: 누가 진정한 경쟁자인가?
- 차별성: 경쟁자들과 무엇이 다른가?
- 그래서: 무엇이 이익인가?

  고객이 오직 당신의 서비스에서만 찾을 수 있는 특별한 이익은 무엇인가?

1) 시장 흐름파악

(1) 1단계: 현장에 뛰어들어 직접 확인하라

시장을 세분화 해보고 표적시장을 선정했다면 현장의 흐름을 파악하기 위해 해당 분야의 종사자를 직접 만나보는 것이 필요하다. 인터넷 검색만으로 시장의 흐름과 소비자의 요구사항을 파악해 낼 수 없다. 동대문시장, 남대문시장, 대형 할인마트, 백화점 등의 오프라인과 함께 홈쇼핑에서 판매되는 상품을 점검한다. 이후 검색엔진과 통계청 자료 등을 추가로 탐색하면서 시장 흐름을 파악한다.

실습 3-1 전체적인 시장 흐름

시장 흐름에 대한 의견	

(2) 2단계: 잘 팔릴 상품(서비스)인지 점검하라

하나의 상품에는 다양한 특성이 있다. **제품수명주기(Product Life Cycle: PLC)**에 따라 도입기, 성장기, 성숙기, 쇠퇴기에 놓여 있기도 하고, 계절의 영향을 받기도 하며, 유행에 따라 판매 여부가 결정되기도 한다. 판매하고자 하는 제품이 어떤 특성을 가지고 있는지 다양한 각도에서 점검해보아야 한다.

(3) 3단계: 누구에게 팔 것인지 확인하라

소비자조사는 누가(목표 고객), 무엇을(구매 대상), 왜(구매 동기), 어디서(유통 경로), 언제(구매 시기), 어떻게(구매 조건) 구매하는지를 육하원칙에 따라 확인할 수 있다.

〈표 3-2〉 목표 소비자 조사방법

구 분		내 용
누가 (who)	누구에게 판매할 것인가?	창업기업은 시간과 자원의 제약성으로 모든 고객에게 판매할 수 없다. 전체시장 중 목표로 하는 고객이 누구인지 확인해본다.
무엇을 (what)	무엇을 구매하는가?	소비자는 자신이 선호하는 브랜드, 회사, 평균 구매가격 등을 가지고 있다. 소비자가 무엇을 구매하는지 확인해본다.
왜 (why)	왜 구매하는가?	소비자가 우리 제품을 구입해야만 하는 이유가 있다. 가격, 브랜드, 품질, 편리성 등 소비자 구매욕구를 확인해본다.
어디서 (where)	상품의 유통경로는 어떠한가?	백화점에서 구매하는 상품이 있고, 인터넷쇼핑몰에서 구매하는 상품이 있다. 해당 상품의 유통경로를 확인해본다.
언제 (when)	언제 구입할 것인가?	자주 구매가 발생하는 일상용품인지, 특별한 날에 구매하는 제품인지 등 소비자가 언제, 어떤 때에 어떤 경우에 구입하는지 확인해본다.
어떻게 (how)	구매조건은 무엇인가?	할인행사, 포인트 제공, 사은품 제공, 할부, 1+1 등 제품을 구매할 때 구매조건은 어떻게 되는지 확인해본다.

실습 3-2 목표소비자 조사

구 분		내 용
누가 (who)	누구에게 판매할 것인가?	
무엇을 (what)	무엇을 구매하는가?	
왜 (why)	왜 구매하는가?	
어디서 (where)	상품의 유통경로는 어떠한가?	
언제 (when)	언제 구입할 것인가?	
어떻게 (how)	구매조건은 무엇인가?	

(4) 4단계: 경쟁 우위확보가 되는가, 나의 경쟁자는 누구인가 점검하라

시장은 기업이 소비자나 고객을 대상으로 경쟁하는 무대다.

소비자에게 더 선호되는 제품이나 서비스를 제공하기 위해서 기업들은 서로 경쟁하며, 따라서 다른 경쟁기업에 비해 더 좋은 품질이나 좋은 디자인의 제품을 공급하거나 더 낮은 가격을 제시할 수 있도록 노력한다. 경쟁기업에 비해 우위를 확보하기 위해 노력해야 하는 것이다. 이러한 우위는 외형적 측면에서의 시장점유율 상승이나 질적 측면에서의 수익성 강화로 이어지게 된다.

또한 경쟁자는 온 · 오프라인을 모두 포함하여 검토해야 한다. 온라인상의 경쟁상대는 네이버, 구글 등의 검색엔진을 활용하여 찾아볼 수 있다. 오프라인은 온라인 검색을 기초로 해서 직접 발품을 팔아야 한다. 같은 제품이라도 온라인과 오프라인상의 느낌이 다를 수 있으므로 꼼꼼히 살펴보는 것이 중요하다.

① 경쟁우위의 개념과 의의

시장에서 유사한 제품이나 서비스로 경쟁하는 기업들 사이에는 시장점유율(market share)이나 수익성(profitability)에 차이가 난다. 왜 이러한 차이가 나타나는 것일까? 각자 가지고 있는 역량과 이를 풀어내는 방법에 차이가 있기 때문일 것이다. 한 기업이 다른 경쟁기업에 비해 가지는 우위를 경쟁우위(competitive advantage)라 한다.

기업이 경쟁력을 갖는다는 것. 즉, 경쟁우위를 갖는다는 것은 경쟁기업들에 비해 뭔가 우월한 점이 있기 때문에 시장점유율이나 수익성에서 앞서거나 특정 소비자층으로부터 강력한 지지를 받는다는 것을 의미한다. 오늘날 대부분의 기업들은 한정된 국내시장에 머물지 않고 세계시장에서 국 · 내외 기업들과 경쟁하고 있다.

② 경쟁우위의 유형

그렇다면 경쟁우위는 왜 생기는 것일까? 소비자는 가격을 지불하고 제품이나 서비스를 구매한다. 그것이 가격 이상의 가치(value)를 제공해주고 있다고 생각하기 때문이다.

이런 점에서 본다면 한 기업이 가지는 경쟁우위는 유사한 혜익(benefit)에 대해 경쟁기업보다 낮은 가격을 제시하거나 높은 가격을 상쇄하고 남을 정도의 독특한 혜익을 제공할 수 있는 능력이 있다할 수 있다.

그만큼 소비자에게 높은 가치를 제공할 수 있는 것이다. 장기적으로 낮은 가격을 제시할 수 있으려면 생산과 판매에 소요되는 원가가 경쟁기업보다 낮아야 하며 (원가우위, cost advantage, cost leadership) 독특한 혜익을 제공하려면 경쟁기업과 차별화되는 무엇인가를 가지고 있어야 한다 (차별화우위, differentiation advantage).

즉, '경쟁우위'라는 것은 어느 정도 **지속이 가능한 우위(SCA, Sustainable Competitive Advantage)**여야 하는 것이다. 따라서 저렴한 임금을 바탕으로 하는 가격경쟁력은 적어도 장기적인 관점에서 경쟁우위라고 보기 힘들다. 한국기업들이 수출시장에서 가졌던 가격경쟁력, 특히 노동집약적인 저부가가치 제품에서 가졌던 가격경쟁력을 동남아 국가에 넘겨준 것은 바로 이러한 점을 말해준다.

■ **원가우위 = 비용우위(cost advantage 혹은 cost leadership)**
동일한 제품을 훨씬 더 낮은 비용에 만들어 싸게 파는 방법

■ **지속이 가능한 우위(SCA, Sustainable Competitive Advantage)**
경쟁우위가 더 오랫동안 지속되는 것

■ **차별화우위(differ-entiation advantage)**
경쟁기업과는 다른 차별화된 제품을 제공함으로써 소비자로 하여금 차별화 하는데 소요된 비용이상의 가격프리미엄을 받는 것

㉠ 원가우위

원가우위(cost advantage)란 제품 및 서비스의 생산과 마케팅에 관련된 제반활동을 경쟁 기업에 비해 낮은 단위당 원가로 수행할 수 있는 능력을 말한다. 이러한 원가상의 우위가 바로 저가격에 의한 가격경쟁력과 연결되는 것은 아니다. 물론 가격인하의 여지를 더 많이 가지고 있다는 점에서 가격경쟁력이 있는 것은 사실이지만, 비슷한 가격수준에서 경쟁기업에 비해 높은 수익성을 올릴 수 있다는 점도 원가우위의 중요한 의의가 된다.

그렇다면 원가우위는 무엇 때문에 발생하는 것일까?

원가우위의 바탕이 되는 대표적 요인은 규모의 경제(economies of scale) 효과다.

대량생산을 통해 단위당 원가를 하락시킬 수 있는 것이다. 규모의 경제는 생산과정뿐만 아니라 원자재나 부품의 조달, 유통과 마케팅 영역에서도 나타날 수 있다. 독자적 기술은 생산원가를 절감할 수 있는 또 하나의 중요한 요인이다. 원천기술이든 생산공정상의 기술이든 특허로 보호받는 기술을 보유하고 있다면, 적어도 특허료(royalty)를 부담해야 하는 경쟁기업에 비해 원가상의 우위에 있을 수 있게 된다. 원자재에 대한 독점적, 혹은 우선적 접근권, 그리고 철저한 원가관리와 통제도 원가우위의 요인이 될 수 있다.

규모의 경제와 연계되어 있으면서 개념상으로 구분되는 또 하나의 원가우위 요인으로 경험효과 혹은 경험곡선효과를 들 수 있다. 경험효과(experience effect)란 경험의 증가가 단위당 원가를 떨어뜨리는 현상을 말하며, 이를 그래프로 나타낸 것이 경험곡선(experience curve)이다. 여기서 말하는 경험이란 시간적인 경험이 아니라 누적생산량으로 측정되는 경험을 의미한다. 따라서 역사가 깊다거나 현재의 생산규모가 크다는 것은 경험축적에 도움이 될 수는 있으나 그 자체가 경험효과로 나타나는 것은 아니다. 또한 경험효과는 생산현장에서의 숙련도 증가에 따른 생산성 증가 의미를 훨씬 벗어나는 보다 포괄적인 의미를 가지고 있다. 생산과정은 물론 원자재나 부품의 조달, 유통업체 선택 및 관리, 마케팅 과정 등 전반적인 경영활동에서 보다 효율적인 대안을 찾을 수 있는 지혜와 경험이 축적될 수 있는 것이다.

기업입장에서 시장점유율 확대가 중요한 것은 그 자체가 갖는 의미가 클 뿐만 아니라, 경쟁기업에 비해 경험을 축적하는 속도가 빠르다는 점 때문이기도 하다. 그만큼 원가상으로 우위에 있게 될 가능성이 더욱 커지는 것이다. 원가우위 확보만을 생각한다면 규모의 경제나 경험효과를 염두에 둔 대량·반복생산이 도움이 될 수 있다. 그러나 이를 통한 원가우위만 추구할 경우 심각한 문제에 봉착할 수도 있음을 염두에 두어야 한다. 품질이나 디자인 등 가격

외적측면에서 경쟁제품과 비견될 수 있는 일정 수준에 미달될 경우 가격을 경쟁기업보다 낮게 책정할 수밖에 없으며, 이는 수익성 악화로 이어질 수밖에 없다. 원가 차이 이상으로 가격을 인하해야 하는 상황이라면 특히 그러하다. 원가절감 노력이 경우에 따라서는 소비자들의 욕구나 기호, 특히 이들의 변화에 적절히 대응하는 데 커다란 장애요인이 될 수도 있음을 인식해야 한다.

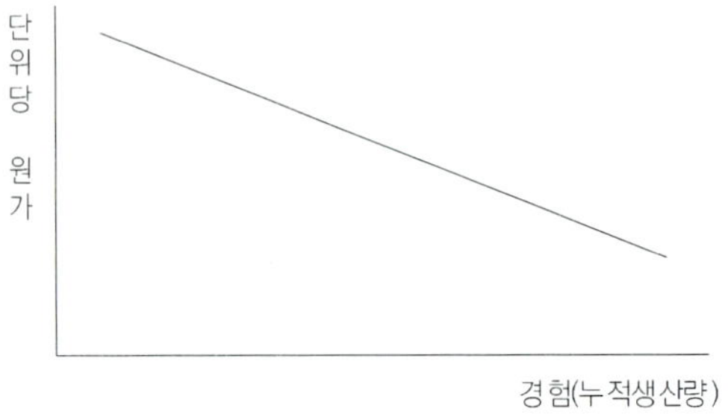

▲ 경험곡선(로그-로그 스케일로 변환)

㉡ 차별화우위

차별화우위(differentiation advantage)란 기업이 제품이나 서비스를 제공하는 과정에서 경쟁기업에 비해 가격 이외의 독특한 가치를 인정받기 때문에 생기는 우위를 말한다. 이러한 독특성은 품질, 기능, 디자인 등 제품 자체의 속성은 물론, 유통 및 배달시스템과 이와 관련된 부가 서비스, 브랜드 이미지, 기타 마케팅 활동 등 다양한 차원에서 나타날 수 있다.

이러한 독특성이 의미가 있는 이유는 이를 중요하게 생각하고 여기에 추가적인 가격을 지불할 용의가 있는 소비자층이 존재하기 때문이다. 통상 비가격경쟁력이란 이처럼 차별화된 강점을 바탕으로 하는 경쟁력을 의미하며, 차별화된 독특한 가치를 중요하게 생각하는 소비자층으로부터 강력한 상표충성도(brand loyalty)를 얻을 수 있게 한다.

이는 결국 수요의 가격탄력성(price elasticity of demand)을 약화시켜 가격경쟁의 부담을 덜어주게 된다. 경쟁제품 사이에 차별화 정도가 낮다면 한 제품의 가격을 인상할 경우 그 인상률보다 훨씬 큰 비율의 고객이동, 즉 해당 제품에 대한 수요의 감소가 일어날 가능성이 높다. 그만큼 소비자들이 가격변화에 민감하게 반응하는 것이고 가격탄력성이 높은 것이다. 따라서 차별화 우위는 수요의 가격탄력성을 낮추어 주는 중요한 의미를 가지고 있으며, 고가격전략(premium pricing)을 가능하게 하는 요인이 된다. 그 차별화 우위를 중요하게 생각하는 소비자들은 가격이 높더라도 그 제품을 구매할 의사를 갖게 되는 것이다. 물론 모든 소비자가 높은 가격을 지불할 의사가 있는 것은 아니며, 기업은 차별화와 고가전략을 통한 수익증대와 차별화에 소요되는 비용의 크기를 비교할 필요가 있다. 또한 차별화 우위에 대해 높은 가격을 지불할 용의가 없는 소비자들에 대한 별도의 전략을 검토하기도 한다.

차별화 우위와 관련하여 또 하나 언급할만한 점으로 상표(브랜드, brand)의 중요성이 있다. 소비자가 중시하는 차별적 가치와 이에 대한 선호는 결국 브랜드로 연결되기 때문이다. 이런 점에서 볼 때 차별화우위를 확보한다는 것은 결국 자신의 상표에 '힘'을 실어 주는 것이라 할 수 있다.

③ 경쟁우위의 선택 – 경쟁전략

기업이 경쟁에서 살아남기 위해서 어떻게 해야 하는가?
마이클 포터교수 : 생존을 위해서는 3가지 방법이 있다!
원가우위전략, 차별화우위전략, 집중화 전략이 바로 그것입니다.
= 경쟁전략의 기본유형! 본원적 경쟁우위 전략
마이클 포터가 산업 내에서 효과적으로 경쟁할 수 있는 일반적인 형태의 전략을 제시

우리는 바로 위에서 경쟁우위가 크게 원가우위와 차별화우위로 구분된다는 것을 살펴보았다. 그렇다면 기업은 어떤 우위를 확보하기 위해 노력해야 하는가? 물론 이 두 종류의 우위가 병존이 불가능한 선택의 문제일 필요는 없다. 그러나 방향성에 있어 강조하는 상대적인 중요성은 기업이 선택할 수 있으며, 보유하고 있는 역량에 따라 어느 하나가 부각되기도 한다.
또한 목표로 하는 시장을 산업 전체로 할 것인지, 아니면 제한적인 좁은 범위의 시장으로 할 것인지도 기업이 결정해야 한다. 일반적으로는 기업이 보유하고 있는 자원과 역량이 충분히 크다면 보다 넓은 범위의 시장을 선택하고, 충분한 인적 · 물적자원을 보유하고 있지 못하다면 제한된 범위의 시장을 선택하게 된다. 예를 들어 한국의 현대자동차도 초기의 수출시장에서는 소형차 부문에 집중한 사례가 있으며, 대부분의 중소기업 역시 이러한 전략을 선택하고 있다.

경쟁우위' 와 '목표시장의 범위' 를 두 차원으로 하여 전략대안의 조합을 만들면 이론적으로는 원가우위전략(1)과 차별화전략(2), 그리고 두 가지의 집중전략(3A 및 3B) 등 네 가지의 대안이 나온다. 그러나 한정된 목표시장에만 집중하는 집중전략은 상대적으로 강조하는 경쟁우위의 구분이 있을 수 있기는 하나, 기본적으로 이 전략을 추구하는 기업의 우위는 자원을 한정된 분야에 '집중' 한다는 점에 기인한다. 여러 과목시험을 보는데 한 과목에만 시간과 노력을 집중하면 적어도 그 과목에서는 좋은 성적을 거둘 가능성이 높은 것과 같은 이치다. 이 전략의 문제는 역량을 집중하기로 선택한 분야만으로 장기적인 성장을 도모하기 곤란하다는 점과, 같은 목표시장을 다른 경쟁자들이 집중전략의 목표로 선택할 수 있다는 점이다. 따라서 집중전략 역시 원가우위나 차별화우위가 없다면 장기적인 성공과 성장은 곤란할 수 있다는 점을 염두에 두어야 한다. 한정된 분야에 집중하면서도 우수한 기술력을 바탕으로 전 세계 시장에서 두각을 나타내고 있는 히든 챔피언(Hidden Champion), 혹은 강소기업을 이러한 점에서 주목할 만하다

		경쟁우위	
		원가우위	차별화
목표시장 (경쟁)의 범위	넓은 목표 시장	1. 원가우위 전략	2. 차별화 전략
	좁은 목표 시장	3A 집중전략 (원가 강조)	3B 집중전략 (차별화 강조)

▲경쟁전략의 기본 유형

비용우위전략 _ 비용에서 우위를 차지함으로써 가격중심 정책을 구사하여 매출을 극대화 하는 전략
차별화 전략 _ 비싼 가격에도 불구하고 구입을 유도하는 독특한 그 무엇이 제공되는 요인으로 경쟁우위 확보하려는 전략
집중화 전략 _ 특정고객, 특정제품, 특정지역 등 한정된 영역에 기업 경영자원을 집중하는 전략
세분화된 고객 중 어느 특정층을 겨냥하여 비용우위나 차별화를 통해 집중적 공략하는 전략
예) 승용차 포기, 상용차 부분만 집중하는 자동차 회사, 대형 TV만 집중하는 전자회사

실습 3-3 경쟁자 조사

구 분		특 징	강 점	약 점
해당 시장내 경쟁자	A사			
	B사			
	C사			

(5) 5단계: 수요를 예측 하라

수요예측은 거시경제 상황의 급변, 소비트렌드의 변화, 대체기술의 부상 등 불확실한 경영환경의 중요성에 따라 더욱 강조되고 있다. 부적절한 수요예측은 과잉투자나 기회손실 등 금전적인 문제만 아니라 새로운 경쟁자의 부상 등 심각한 문제를 초래할 수 있다.

수요예측은 시장조사 등 각종 예측조사 결과를 종합하여 결정된다. 이를 뒷받침 할 수 있는 통계자료 및 연구보고서를 참조한다면 기본적인 수요예측을 해볼 수 있다.
수요예측기법은 정성적 방법, 정량적 방법, 시스템 방법이 있다. 다양한 예측기법의 특성을 이해하고 상황에 맞는 방법을 찾는 것이 필요하다. 이를 위해서는 많은 자원이 필요하며 최고경영진의 관심이 중요하다.

〈표 3-4〉 경쟁자 분석 예시

단 계		내 용
1단계	시장 흐름을 파악	오프라인에서는 도매시장, 유통업자, 홈쇼핑 등을 온라인에서는 검색 포털 사이트, 통계청, 정부기관자료 등을 조사한다.
2단계	상품 특성 파악	상품이 성장기에 있는지, 성숙기에 있는지 라이프 사이클을 점검하고, 기술적(특허 등) 진입장벽이 있는지 등을 조사한다.
3단계	목표소비자 조사	소비자 조사는 누가(목표 고객), 무엇을(구매 대상), 왜(구매 동기), 어디서(유통 경로), 언제(구매 시기), 어떻게(구매 조건)를 중심으로 조사한다.
4단계	경쟁자 (산업 내, 대체재) 조사	온·오프라인에서 같은 산업 내에 있는 경쟁자를 기본으로 해서 소비자 관점에서 대체재까지 조사한다.
5단계	수요예측	해당 상품의 시장규모는 어떠한지, 향후 지속적으로 성장할 시장인지, 수익성은 충분한지 등을 조사한다.

4. 최종 창업아이템 선정

1) 매력도 분석을 통한 최종 아이템 선정

시간과 비용의 한계 때문에 창업기업은 모든 시장을 공략할 수 없다. 시장과 고객에 대한 기본적인 이해를 바탕으로 목표로 하는 최종 시장을 선정한다. 이때 사업의 매력도를 5점으로 환산해서 결정할 수 있다. 예를 들어, 시장성장성이 낮으면 1점을 주고, 성장성이 높으면 5점을 주는 것이다. 시장의 매력도 산정은 해당 창업기업 입장에서 바라보는 것이 중요하다. 해당 창업기업이 바라보기에 매력적이라면 5점을 주고, 매력적이지 않다면 1점을 주는 방식으로 총합이 가장 높은 시장을 공략한다. 〈표 3-5〉는 천연화장품 사업을 준비했던 창업기업이 목표시장을 선정하기 위해 매력도를 분석한 것이다.

이를 참조하여 목표로 하는 최종 시장을 선정하여 보자.

〈표 3-5〉 매력도 분석을 통한 최종 아이템 선정

구 분	시장 성장성	고객 충성도	고객 협상력	경쟁 강도	위협 정도	대체 정도	실행 가능성
직접 연구개발을 통한 천연화장품 제조	5	4	4	2	2	2	3
사입을 통한 화장품쇼핑몰 운영	4	3	3	3	3	3	4
국내상품 대리점 운영 판매대행	5	4	4	3	3	3	4
천연재료를 통한 내 피부에 맞는 화장품 직접 만들기 교육영상 플랫폼 중계	4	5	4	3	3	3	2

실습 3-4 매력도 분석을 통한 최종 아이템 선정

구 분	시장 성장성	고객 충성도	고객 협상력	경쟁 강도	위협 정도	대체 정도	실행 가능성
아이디어 1							
아이디어 2							
아이디어 3							
아이디어 4							

2) 목표고객 시뮬레이션

창업아이디어를 구체화하기 위해서는 고객을 명확하게 하는 것이 중요하다. 특정한 고객의 특정한 문제를 해결하는 것이 사업의 본질이다. 미용실을 창업하기 위해 전국에 있는 모든 미용실의 정보를 모아 놓는다고 사람들의 니즈를 충족시킬 수 있는 것은 아니다. 또한 인공지능(AI)과 같은 알고리즘이 모든 사람의 취향을 맞춰줄 수 있는 것도 아니다. 이러한 접근은 모두 허상이다. 고객을 구체적으로 정의하고, 특정한 문제를 중심으로 접근했을 때 창업아이템을 실현할 수 있다.

숲을 그린 그림에는 나무가 살지도 않고 새도 날아오지 않는다. 이끼도 끼지 않고 동물들도 모이지 않는다. 숲을 만들고 싶다면 숲의 모습을 그리고만 있지 말고 삽을 들고 땅을 파고 나무 한 그루를 심고 물을 주는 일을 해야 한다. 살아 있는 숲을 만드는 길은 살아 있는 나무 한 그루, 땅 한 뼘을 만드는 것에서 시작한다. 절대로 숲과 같이 큰 단위의 일을 도모하는 것으로부터 숲이 형성되지 않는다.

사람들은 다르다. 특정한 사람들이 가진 문제가 서로 다르다는 사실을 이해하고 창업아이디어 사업화를 진행해야 한다. 이를 위한 방법으로 고객을 구체적으로 시뮬레이션 하는 방법이 있다.

〈표 3-6〉 목표고객 그려보기

구 분	내 용
성별	여자
연령	30대 중반/기혼
수입	월 300만 원
거주지	대구광역시
욕구, 동기	성취욕, 모방심리, 친구/회사동료 등 비교대상에 의한 동기 부여
걱정, 두려움	육가 / 내집마련
롤모델, 영웅	유명하고 잘나가는 워킹맘 연예인
여가	아이를 재운후 셀럽들의 인스타그램 둘러보기
선호하는 매체, 사이트, TV 프로그램	SNS(페이스북/인스타그램) 등 소셜미디어
구매의사결정기준(비용, 체면, 모방)	디자인, 경력
개성, 독창성	희소성(과시)
살아온 이야기(경력)	어린나이에 결혼하여 남매출산, 경력단절 후 겨우 취업

실습 3-5 목표고객 시뮬레이션

구 분	내 용
성별	
연령	
수입	
거주지	
욕구, 동기	
걱정, 두려움	
롤모델, 영웅	
여가	
선호하는 매체, 사이트, TV 프로그램	
구매 의사결정기준(비용, 체면, 모방)	
개성, 독창성	
살아온 이야기(경력)	

4차 산업혁명시대

스타트업 창업실무와 경영전략

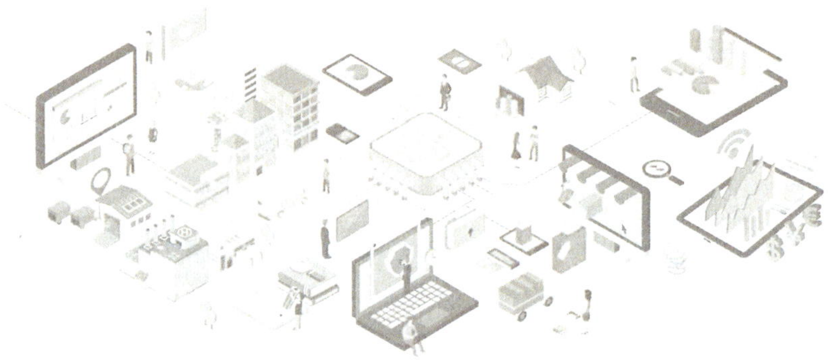

Chapter 04

숲과 나무, 모두 살펴야 실패가 없다.

-창업환경 분석-

1. 창업환경 분석이란?
2. 나무를 살펴라 -내부환경 분석-
3. 숲을 보라 -외부환경 분석-

Chapter 04 숲과 나무, 모두 살펴야 실패가 없다.

-창업환경 분석-

1. 창업환경 분석이란?

창업환경이란 '창업을 준비하고 사업을 시작하는 데 있어 창업기업이나 그 기업에서 영위하는 사업에 영향을 미치는 경영환경, 즉 기업의 내부와 외부의 사업 환경'을 말한다. 각종 규제의 철폐, 완화, 신설 등에 따라 사업 활동의 환경은 수시로 변화되고, 소비자의 제품이나 서비스에 대한 선호 역시 수시로 변화하기 마련이다. 이러한 많은 변화에 능동적으로 대처하기 위해서는 기업이 가지고 있는 고유의 역량(내부환경)을 정확히 알고 현재 시장의 변화 추이(외부환경)를 정확하게 파악할 수 있는 능력이 필수적으로 요구된다.

창업환경 분석이란 창업자가 창업아이템을 선정하고 사업을 구체화시키는 과정에서 해당 아이템이 창업기업의 가지고 있는 내부역량과 외부환경의 상황에 적합한 것인지를 파악하고 부족한 부분이 있는 경우, 이를 극복할 수 있는 대안을 미리 마련하여 사업 실패 확률을 줄여나가는 작업이라고 볼 수 있다. 창업환경 분석은 창업아이템, 창업 업종, 사업의 규모와 상관없이 창업자에게는 창업을 준비함에 있어 필수적으로 수행되어야 하는 중요한 창업 프로세스로 볼 수 있으며, 크게 내부환경 분석과 외부환경 분석으로 나누어 수행하게 된다.

창업을 위한 환경 분석을 수행하기 위해서는 다양한 방법을 통해 정보를 확보해야 한다.

2. 나무를 살펴라 -내부환경 분석-

기업의 내부환경이란 창업자가 기업을 설립하여 운영함에 있어 현 사업을 영위하기 위해 필요한 자원의 보유 여부와 정성적 · 정량적 보유량, 그리고 향후 특정 기간 내에 확보할 수 있는지의 여부를 말한다. 간단히 말해 사업을 위해 창업자 또는 창업기업이 가지고 있는 유 · 무형 자원의 보유 정도라고 정의할 수 있다. 1인 창조기업이 전 세계를 대상으로 1조의 매출을 1년 안에 올리겠다는 사업 계획을 근거 없이 세운다면 어떤 투자자도 믿지 않을 것이다. 왜냐하면 1인 기업은 보유할 수 있는 내부 역량이 한정되어 있기 때문에 단기에 높은 매출을 올리기에는 무리가 있다는 것을 투자자들은 알고 있기 때문이다. 창업자 본인이 스스로 보유하고 있는 유 · 무형 자원의 양을 정확히 알 때 보다 정밀한 사업계획을 수립할 수 있을 것이다. 본 절에서는 내부환경의 요소와 각 요소의 분석 방법을 설명할 것이다.

1) 재무적 자원

재무적 자원은 창업에 필요한 자금과 6개월에서 1년 사이의 단기간 기업을 운영 할 자금을 동원할 수 있는 능력을 말한다. 재무적 자원의 종류로는 현금, 주식, 차입 등을 들 수 있다. 창업자는 회사의 종류(주식회사, 개인기업 등)에 따라 필요한 법인 설립 자금이 필요하며, 1인 기업이 아닌 2인 이상의 인력을 활용해야 하는 경우에는 인건비가 필요할 수 있다. 또한 사무실 또는 공장, 상점 등 기업의 성격에 맞는 업무 공간을 구축하기 위한 자금도 필요하며, 외부와 연락을 위한 인터넷, 전화기 등 통신 장비 구입비, 사무용품비 등 다양한 자금이 초기에 필요하게 된다. 이러한 자금은 단순히 창업에 필요한 자금만 고려해야 할 것이 아니라 수익이 발생하기 전까지의 기간, 즉 최소 6개월에서 1년간 운영할 수 있는 자 금을 포함하여 자금의 규모를 확정지어야 한다.

창업자는 본인 초기 사업규모를 산정하여야 하며, 위에 언급한 재무적 자원을 활용하여 자금을 마련해야 한다.

현금은 창업자 본인이 가지고 있는 현금을 말한다. 사업적 역량이 뛰어나거나 좋은 사업 아이템을 가지고 있어 초기부터 외부투자를 받는 경우가 아닌 이상 대부분 창업 초기에는 창업자 본인의 자금 또는 지인으로부터 융통한 자금을 활용하게 된다. 수익이 발생하기 전까지의 총 자금의 규모가 부족하다고 판단되는 경우 창업자는 초기 사업규모를 축소하거나 외부자금을 유입하여 자금의 규모를 중속 시키는 방법을 택해야 한다. 사업의 규모를 축소할 경우 자금의 소모가 적어지기 때문에 경제적으로 보일 수 있으나 필요한 경영 활동을 할 수 없는 경우가 발생할 수 있으므로 오히려 사업이 성장하는 데 지장을 줄 수 있음을 염두에 두어야 한다.

외부자금을 유입할 경우는 주식회사 형식의 법인을 만들어 주식을 발행하는 방법과 사채나 대출 등을 통해 자금을 차입하는 방식을 들 수 있다. 주식 발행은 외부 투자자로부터 자금에 상응하는 금액을 회사의 주식으로 교환해 주는 것으로 사업의 종류, 규모, 투자자와의 관계, 계약 내용에 따라 주식과 투자금에 대한 교환 비율이 바뀐다.

차입은 창업자 개인의 신용이나 보유 자산을 담보로 금융기관 등으로부터 자금을 차입하는 경우를 말한다. 재무적 자원은 이후에 설명될 다른 내부자원의 근원이 되는 것으로 창업 초기부터 철저한 분석이 필요하다(실습 4-1).

실습 4-1 재무적 자원 분석

■ 목적 : 자신이 생각하는 창업아이템에 대한 창업부터 1년간 소요될 자금을 분석한다.
■ 진행방법 : 필요 자금의 산정 및 현재 가용 자금 계산, 부족 자금의 확보방안을정리한다.

No.	금 액	자금의 활용 용도	현재 가용 금액 및 부족분 마련 방안
1			
2			
3			
4			
5			
계			
기타 재무적 자원 확보상의 돌발 상황에 대한 예측 및 대응방안			

2) 인적 자원

'인사(人事)가 만사(萬事)' 라는 말이 있다. 창업에 있어 1인 창업의 경우에는 크게 영향이 없지만 2인 이상의 조직을 구성하여 사업을 시작하려는 경우에는 효과적인 자원을 구성하는 것이 매우 중요하다. 앞 절에서 언급한 재무적 자원이 사업에 필요한 다양한 인재를 영입하여 여유롭게 창업을 진행할 수 있지만 현실적으로 그러한 상황은 많지 않으므로 꼭 필요한 인력을 확보하기 위해 노력해야 한다. 창업자는 자신의 사업을 성장시키기 위해 꼭 필요한 인력의 종류와 인원을 분석하고 현재 그러한 인력을 보유하고 있는지, 없을 경우 어떻게 확보할 계획인지에 대한 구체적인 실행방안이 마련되어야 한다.

인적 자원을 분석하기 위해서는 인력의 종류를 라인과 스텝, 전문가 및 관리자, 종업원 등으로 구분하여 창업자의 사업 아이템에 꼭 필요한 인력의 확보 유무를 확인해야 한다. 또한 창업 초기의 경우에는 급여 수준을 높게 책정하기 어려운 경우가 많으므로 창업자가 지불할 수 있는 임금 수준을 고려하여 인력 수급계획을 수립해야 한다.

로켓펀치
https://www.rocketpunch.com/

비긴메이트
https://www.beginmate.com/

데모데이
http://www.demoday.co.kr

원티드
https://www.wanted.co.kr

〈그림 4-1〉 스타트업 네트워크 사이트

3) 실물 자원

실물 자원은 창업자가 사업을 영위하기 위한 유형 자원을 말한다. 이러한 실물 자원은 재무적 자원을 통해 구입 및 확보할 수 있지만, 기술 창업의 경우 재무적 자원만으로 확보가 어려운 상황이 생기기도 한다. 예컨대, 특수 설비처럼 단순히 구입할 수 있는 것이 아니라 다른 기업에 주문 제작 또는 신규 개발을 의뢰해야 하는 때가 있다.

창업자는 창업계획 수립 시 재무적 자원을 기반으로 사업을 시작하기 적당한 공간을 확보하고 있는지 또는 확보할 수 있는지, 시설이나 장비를 보유하고 있는지 또는 적시에 확보할 수 있는지, 원재료를 조달할 능력을 자체적으로 가지고 있는지를 꼼꼼히 확인해야 한다.

4) 조직적 자원

조직적 자원은 창업자가 사업을 운영하기 위해 조직 내에서 필요한 정보시스템, 품질관리 프로세스, 교육훈련체계, 기업문화, 기업가정신, 조직구조 등의 제반 여건을 말한다. 재무적 자원을 통해 인적 자원과 실물 자원을 확보하더라도 창업 이후 사업을 원활히 운영하기 위해서는 시스템적인 지원이 후행되어야 한다. 창업 이후에 이러한 시스템적 지원이 이루어질 수도 있지만 몇몇의 경우에는 창업 이전에 제반 여건이 마련되어야 하는 경우도 있다.

정보시스템의 경우 전사적 자원관리(ERP), 공급망관리(SCM), 고객관계관리(CRM) 등 다양한 경영지원 시스템이 있으며 창업자의 사업특성에 따라 적합한 정보시스템을 구축해야 하며, 품질관리 프로세스는 제조업 위주의 창업자에게 중요한 요소로 받아들여질 수 있다. 교육훈련체계의 경우 인적 자원의 역량이 중요한 사업에 있어 선행적으로 고려되어야 한다. 일례로 교육용 Board를 개발하여 교육 사업을 진행하던 N사는 우수한 교육용 기자재를 만들었음에도 불구하고 기자재를 활용하여 교육을 진행할 강사를 양성하는 데 실패해 사업을 정리했다. 기업문화는 사업의 위험 정도와 의사결정의 피드백 속도에 따라 위험극복 능력과 강인함이 요구되는 터프가이형과 팀워크가 중요시되며 판매회사에서 주로 선호하는 활동 지향형, 사업의 성격이 장기적이고 대규모 투자가 이루어지는 조직에서 신중하고 정확한 의사결정이 요구되는 모험형, 사업의 결과보다 사업방식에 관심을 기울이는 신중하고 방어적인 절차 중심형 등으로 구분된다.

실습 4-2 인적 자원, 실물 자원, 조직적 자원 분석

■ 목적 : 인적, 실물, 조직적, 기술적 자원에 대한 분석을 실시한다.
■ 진행방법 : 각 자원의 현재 보유 상황 및 미확보 자원에 대한 확보방안을 마련해 본다.

No.	자원 구분	활용 용도	현재 가용 금액 및 부족분 마련 방안
1	인적 자원		
2			
3			
4	실물 자원		
5			
6			
7	조직적 자원		
8			
9			
10	기술적 자원 (지적재산권, 기술 노하우 등)		
11			
12			
기타 각 자원 확보상의 돌발 상황에 대한 예측 및 대응방안			

5) 기술적 자원

기술적 자원은 창업자 또는 창업기업이 보유하고 있는 기술 역량을 말한다. 기술 역량이란 사업을 영위하는 데 필요한 기술적 요소를 모두 확보하고 있는지를 뜻하는 것으로 사업 아이템이 복잡할수록 다양한 기술이 필요할 수 있다. 이러한 기술은 대부분 지식재산(Intellectual Property: IP)으로 분류되어 기업의 중요한 자산이 된다. 지식재산은 기술을 포함하여 상표, 실용신안, 디자인 등 다양한 종류가 있다.

단순히 사업화 가능성을 알아보는 초기 단계에서는 필요한 요소기술에 대한 타인의 지식재산권 보유 여부를 중요하게 생각하지 않는 경향이 있으나, 사업을 시작하려는 경우에는 반드시 자신의 사업아이템이 타인의 지식재산을 침범하지 않는지 필수적으로 확인해야 한다. 반대로 창업자가 소유하고 있는 지식재산권은 다른 경쟁자가 시장에 침입할 수 없게 만드는 진입장벽의 역할을 수행하기도 한다.

■ IP창업Zone

http://ipczone.ripc.org/

지식재산을 기반으로 아이디어 창출부터 3D구현화, 권리화를 통해 창업까지 지원하는 플랫폼으로 지식재산 창업과 관련한 다양한 정보를 얻을 수 있다.

3. 숲을 보라 -외부환경 분석-

외부환경 분석을 위해 가장 먼저 고려해야 할 사항은 정보의 유용성에 입각하여 창업자의 사업에 직접적으로 연관이 있는 분야로 초점을 맞춰야 한다는 것이다. 또한 지속적인 사업 영위를 위해 현재 트렌드보다 5년 이후의 사업환경을 예측할 수 있도록 미래 지향적인 자료를 수집해야 한다. 마지막으로 이렇게 수집된 자료가 창업자의 사업환경을 분석하는 데 직접적으로 활용될 수 있는 자료이어야 한다. 이는 단순히 미래예측이 아닌 정확한 근거에 입각하여 산출된 자료여야 한다. 이러한 고려사항을 참고하여 분석된 외부환경은 창업자가 추진하고자 하는 사업의 당위성을 부여해줄 뿐만 아니라 내부환경 분석 결과를 포함하여 SWOT 분석을 실시할 경우 정확한 사업 방향을 마련할 수 있다는 장점을 가질 수 있게 된다. 외부환경은 크게 경제적 환경, 정부 및 법적 환경, 시장 및 경쟁 환경, 공급자 환경, 기술적 환경, 사회적 환경 및 기타 환경으로 나누어 분석할 수 있다.

1) 경제적 환경

일반적으로 경기는 나라 안팎을 막론하고 불황, 침체, 회복, 호황의 상황에 처하게 된다. 이러한 경기는 물가, 환율, 금리, 주가 등에 영향을 주게 되며 창업자는 자신이 추진하는 사업에 영향을 주는 변수를 찾아내어 중점적으로 분석해야 한다. 예를 들어, 수출을 위주로 사업이 진행될 때는 환율에 대한 현재 상황 및 향후 전망에 대한 자료를 수집해야 하며, 일반 소매를 계획하고 있는 경우에는 물가에 대한 정보를 수집해야 한다. 물가정보는 한국물가정보(www.kpi.or.kr) 등을 참고할 수 있으며, 환율, 금리 등의 자료는 각 은행의 웹사이트, 주가 정보는 각 증권사 웹사이트를 참고할 수 있다. 이러한 경제적 환경 분석을 통해 창업자는 창업 시기 및 보유하고 있는 자금의 사용 시기 등을 정할 수 있다.

2) 정부 및 법적 환경

아무리 좋은 사업 아이템도 정부 방침이나 법적 규제에 걸리는 경우 사업에 위협이 될 수 있다. 반대로 정부에서 적극적으로 육성하고자 하는 산업일 경우에는 커다란 기회요소로 작용하기도 한다. 창업자는 목표 사업이 정부의 시책과 어떠한 상관관계가 있는지 파악하고 기회요소를 포착하는 것이 중요하다. 이를 위해 정권의 변화 예측, 산업 육성 또는 규제 정책, 기존 제도의 변경사항 등에 대해 해당 부처 또는 관련 기관의 사이트 등을 통해 파악해야 한다.

또한, 정부의 창업지원제도 확인과 사업공고 및 신청은 www.k-startup.go.kr 에서 할 수 있다.

〈그림 4-2〉 K- 스타트업

초기 창업자의 경우 창업지원제도를 활용하는 것이 좋다. 창업자에게 지원해 주는 지원금으로 자금 확보뿐만 아니라 창업관련 다양한 정보와 창업성공사례 등을 교육 받을 수 있다

창업지원제도는 자금을 지원하는 창업자금지원제도와 창업을 촉진하고 창업 중소기업을 건전하게 육성하기 위한 정책적 지원제도가 있다.

정부에서는 창업기업 설립을 지원하고 투자를 촉진하여 중소기업이나 벤처기업 중심의 산업구조를 형성, 국가 경쟁력을 높이고 고용창출을 이뤄 내고자 창업지원법을 제정하여 시행하고 있다.

(1) 창업 정책적 지원제도

기술과 사업성을 가지고 있으나 사업장이나 창업부지 또는 시설을 확보할 수 없는 창업자에게 창업입지선정, 창업보육센터, 벤처 창업타운, 연구소 내 공장설치 등을 통해 창업이 원활하게 진행될 수 있도록 하는 제도이다. (* 창업자금 지원제도는 '자금조달' 단원에서 설명)

① 창업 입지지원

업지원법에 의거 중소기업 창업자가 제조업을 영위하기 위해 국가, 지자체, 농공단지가 아닌 개별입지에 공장을 설립하고자 하는 경우 농지, 산림, 환경 등에 의해 개별적으로 받아야하는 복잡한 인허가 사항을 일괄처리 함으로써 절차를 간소화하여 공장설립을 지원하는 승인 제도이다. 신청대상은 제조업종 공장을 설립 하고자 하는 창업한 지 5년이 경과하지 아니한 사업자로 창업사업계획 승인을 받으려면 시런벤구청에 설치된 중소기업 창업민원실에 비치되어 있는 창업사업계획 승인신청서에 관련서류를 첨부 하여 시장, 군수, 구청장에게 제출하면 되는데 창업사업계획승인신청 서류는 다음과 같다

- 사업계획 승인신청서
- 사업계획서
- 사업예정지 지적도
- 부동산 권리자의 사용동의서

② 창업보육센터

창업보육센터(Business Incubator; BI)는 창업자나 창업 후 사업을 운영하는 사업자를 위해 창업 및 경영전반에 대한 전문가와 시설을 갖추고 지원하는 기관이다. 기술과 사업성은 있으나 자금과 사업장 및 시설확보에 어려움이 있는 창업자나 예비창업자에게 개별 또는 공동시설을 저렴하게 제공함과 아울러 창업 정보, 경영, 세무, 기술지도 등으로 통해 창업에 따른 위험부담을 줄이고 원활한 성장을 유도함으로써 성공적인 창업을 돕기 위해 설치됐다.

창업보육센터는 대학의 기술지원, 벤처기업 공동연구 등을 목적으로 대학, 공공연구기관, 지방자치단체 및 민간기관 등 우리나라에 약 3백여 개가 설립되어 있다.

창업보육센터의 우선 입주대상은 벤처 또는 기술 집약형 업종의 창업자와 예비창업자이며 각 대학이나 기관의 특성에 적합한 업종에 따라 입주자격이 다양하다. 입주기간은 대부분의 경우 2년 이내이며 보육센터 운영기관과 협의하여 기간을 연장할 수 있다. 보육센터에 입주할 자격이 주어진 창업자는 다음과 같은 다양한 혜택을 누릴 수 있다.

첫째, 소자본 창업자나 예비창업자에게 창업 방법과 경영기법을 빠르게 습득할 수 있는 기회가 주어진다. 창업세미나 및 창업스쿨 등 교육기회를 통해 비용도 절약하고 빠른 시간 내에 효율적으로 준비할 수 있다.

둘째, 보육센터는 중소기업청 등 공공기관과 유기적인 관계를 맺고 있어 창업에 유용한 다양한 정보를 제공 받을 수 있고, 다른 입주업체의 사업자와 관련기관으로부터 많은 정보를 공유하여 활용할 수 있는 기회가 주어진다.

셋째, 각 분야의 전문가 pool을 활용할 수 있다. 각 보육센터에는 각 분야의 전문가로 구성된 인적 네트워크가 연결되어 있어 아이템의 사업성 분석, 사업계획서 작성, 특허출원 및 세금상담 등에 대한 전문가의 지도를 받을 수 있다.

넷째, 창업비용 등 사업 수행에 따른 비용을 절감할 수 있다. 센터에 입주하여 창업 시에는 저렴한 임대료 및 관리비는 물론 사무실 운영에 필요한 컴퓨터, 집기, 비품, 통신 인프라 등이 구축되어 있어서 이에 대한 구입 및 운영비용을 현저히 줄일 수 있다.

알아두기

중소기업진흥공단 청년창업사관학교(start.sbc.or.kr)

우수기술을 보유한 청년창업자를 발굴, 사업계획 수립부터 사업화까지 창업의 전과정을 지원하여 '청년창업CEO' 를 양성하는 과정

지원 대상

신청 · 접수일 기준 만 39세 이하 예비창업자로,

1. 예비창업자 또는 예비창업팀

예비창업자는 신청일 현재 법인기업의 대표가 아니어야 하며, 업종에 관계없이 본인 명의로 사업자등록을 하지 않은 자를 말함

예비창업팀은 예비창업자 2~4인으로 구성 가능하며, 1인을 대표자로 신청해야함(신청 후 변경불가)

2. 창업 후 3년(신청 · 접수일 기준) 이하 기업의 대표자

[중소기업기본법] 제2조 제1 항에 따른 중소기업의 대표자에 한함

창업일은 개인사업자의 경우 사업개시일, 법인기업의 경우 법인등기부등본상 회사성립연월일을 기준으로 함

3. 단, 기술경력보유자는 신청 · 접수일 기준 만 49세 이하인 자로서 1 또는 2의 기준을 충족하는 대표자

기술경력 보유자 기준

※ 신청과제와 관련된 기술 분야 경력보유자로서 아래 요건을 충족하는 자

① 고등학교 졸업자로서 10년 이상 해당 분야 경력 소지자

② 전문대학 졸업자로서 7년 이상 해당 분야 경력 소지자

③ 학사학위 소지자로서 5년 이상 해당 분야 경력 소지자

④ 석사학위 소지자로서 3년 이상 해당 분야 경력 소지자

⑤ 기타 이와 동등한 경력이 있다고 인정되는 자(박사, 기술사, 기능장 등)

신청분야

고용 및 부가가치 창출이 높은 기술 집약 업종(제조업 및 지식서비스업)

지원내용

지원체계

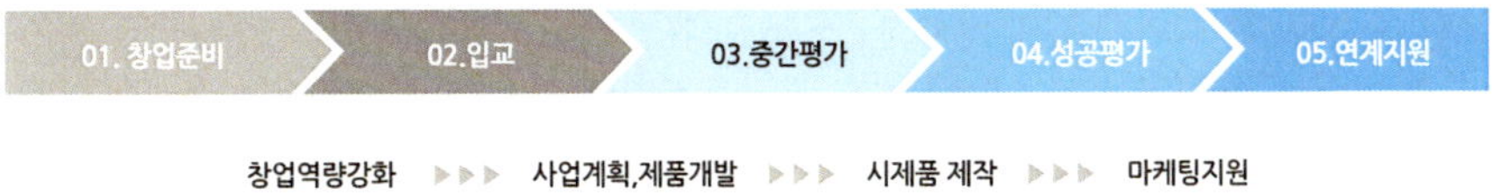

창업 준비와 입교를 통해 창업 역량을 강화하고 사업계획 및 제품개발의 중간평가와 시제품 제작의 성공평가. 마케팅 지원 등 연계 지원

청년창업사관학교 입교절차

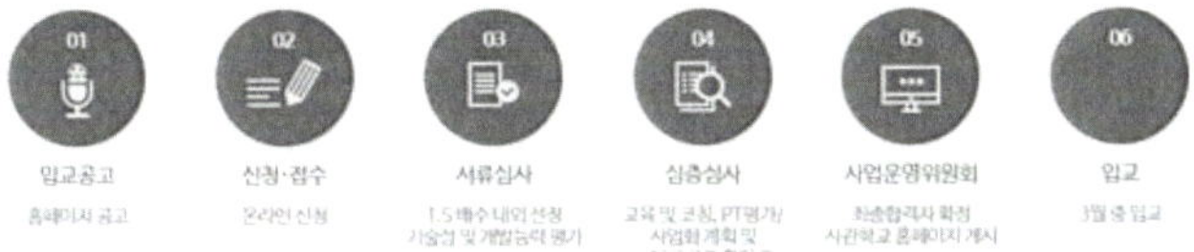

특성

- One-Stop 패키지 창업지원
  자금, 교육, 코칭, 공간, 장비, 판로에 이르기까지의 One-Stop 패키지 지원
- 미래형CEO 육성 중점
  기업가정신 함양 및 창업실무능력 중점 교육, 전담교수를 통한 창업코칭 시스템
- 중간평가를 통한 퇴교시스템 운영
  2회 중간평가, 매년 10% 수준 평가 탈락 · 퇴교
- 졸업 후 창업지원제도 연계
  우수 졸업자에 대해 추가지원(1년) 및 연계지원(5년간 성장이력관리)

③ 벤처 창업타운 및 집적시설

벤처기업 (venture business)이란 첨단의 신기술과 아이디어를 개발하여 사업에 도전하는 기술집약형 중소기업이다.

이러한 벤처기업 (venture business)육성을 촉진할 목적으로 만든 벤처 창업타운은 우수한 기술과 전문 인력이 풍부한 벤처기업과 창업투자회사, 금융기관, 신용보증기금을 동시에 입주하게 하여 각종 서비스를 원스톱으로 제공할 수 있는 창업 인프라를 구축한 지역이다. 이곳은 특별히 벤처 창업기업에 적합한 입지를 저렴한 가격으로 공급함으로써 벤처기업 창업촉진 및 육성발전에 기여하고 있다.

벤처기업 집적시설은 교통, 정보통신, 연구시설, 금융기관 등 기능이 집중되어 기업 경영여건이 우수한 도심에 벤처기업이 단체로 입주할 수 있는 공간을 사전에 확보하고, 민간빌딩 등을 벤처기업 직접시설로 지정해 각종 지원을 실시함으로써 도심의 벤처 입지공간이 확대될 수 있도록 시행하는 제도이다. 이 외에도 아파트형 공장 공급, 중소기업 전용단지 조성 등이 있다.

④ 창업행정 및 인력지원 제도

중소 창업기업을 지원하기 위하여 정부 및 중소기업 관련 기관에서 창업자에 대한 창업컨설팅, 정보, 기술 인력 지원 등 각 분야별로 전담기관을 두어 행정적으로 지원하는 동시에, 우수한 기술인력이나, 교수, 연구원 등을 벤처기업 창업에 원활히 공급되게 하기 위해 각종 인력지원 제도가 있다.

㉠ 창업절차 간소화 제도

중소 제조업 창업을 위해 공장을 설립할 경우에 창업자는 인허가 절차 등으로 공장설립 착공이 지연되는 등 애로사항이 생기는 사례가 많았는데, 이를 해결하기 위해 중소기업 창업지원법에 의거 창업 사업계획 승인제도를 시행하여 중소 창업기업이 공장설립 이전에 시장, 군수, 구청장으로부터 승인을 받게 되면 공장설립과 관련된 30~60개에 이르는 법률과 인허가 사항이 일괄 처리되어 공장 설립절차가 간소화되었다.

㉡ 창업정보 제공 제도

창업자 및 예비창업자에게 창업과 관련된 각종 정보를 제공해 그들이 이를 활용, 빠른 시간 안에 성공적인 창업이 이루어지도록 하는 기관과 단체가 있다.

창업과 관련된 정보제공 기관으로는 중소기업청, 소상공인지원센터, 중소기업진흥공단, 중소기업창업투자회사, 중소기업창업투자조합, 중소기업상담회사, 상공회의소, 정보통신연구진흥원, 한국소프트웨어진흥원, 한국경영기술컨설턴트협회, 근로복지공단, 한국여성경제인단체 등이 있다.

이 외에도 각 지방자치단체의 중소기업 민원실, 신용보증재단, 신용보증기금, 기술신용보증기금, 한국수출보험공사, 중소기업기술지원센터, 미소금융재단 등에서도 신규창업을 위한 각종정보를 제공하고 있다.

㉢ 연구원, 교수 등의 겸직 제도

「벤처기업육성에 관한 특별조치법」에 의거 정부출연 연구기관의 연구원이 그 소속기관장의 허가를 받아 벤처기업의 대표자 또는 임직원을 겸임 또는 겸직을 할 수 있는 제도이다. 이러한 제도의 목적은 대학 연구기능의 우수한 인력을 벤처기업 창업과 경영에 참여시켜 연구 및 개발에 기여하게 함으로써 벤처기업 창업을 촉진하는 데 있다. 겸직대상은 국공립대학 및 사립대학 교원과 「한국과학기술원법」에 의한 국공립 연구기관의 연구원이며 겸직기간의 제한은 없다.

한편 위 대상자가 벤처기업을 창업을 하거나 벤처기업의 임원으로 근무하는 경우는 3년 이내에서 휴직할 수 있는 제도도 마련되어 있다.

㉣ 스톡옵션 및 병역특례 제도

스톡옵션(stock option)이란 주식매입선택권으로 회사가 임직원에게 자기회사 주식을 일정량

만큼 매입할 수 있는 권리를 부여하는 것이다. 이는 전문경영인이나 전문기술 보유자를 기업이 고용하고자 하는 경우 많은 자금의 부담 없이도 기업과 당해 임직원의 이해관계를 일치시킴으로써 주인의식을 고취하여 성취의욕을 높이고자 하는 제도이다. 스톡옵션 도입 시 이에 대한 세제감면으로 벤처기업이 고급인력을 확보하고 경쟁력을 높일 수 있다.

한편 벤처기업의 우수 기술 인력을 확보하기 위한 방안으로 벤처기업 부설연구기관에 대하여 병역특례 전문연구원 제도가 있다. 병역특례 전문요원으로 선발된 연구원은 병역특례지정업체로 선정된 벤처기업에 종사할 수 있으며, 의무종사기간 2년 이내에 새로 선정된 병역특례 지정 벤처기업으로 전직할 수 있다

ⓜ 조세지원 제도

정부는 유망한 사업아이디어를 가진 자가 쉽게 창업할 수 있도록 절차를 간소화하고 금융 및 세제상의 지원을 하고 있다. 창업기업이나 벤처기업에 투자한 금액에 대해서는 법인세, 소득세, 등록세, 재산세 및 개발이익부담금 등 관련세금을 전액 면제해 주거나 일부를 감면하는 등의 조세지원을 하고 있다. 또한 창업자뿐만 아니라 창업자를 지원하는 기관인 창업투자회사를 비롯 투자조합 등에도 세제지원을 함으로써 지원기관이 활성화되도록 뒷받침하고 있다.

〈표 4-1〉 창업관련 조세지원 제도

구분	관련 법규	지원내용
법인세 (소득세)	창업지원법 제25조 조세특별법 제6조	• 수도권 내 기술집약형 중소기업 창업자는 3년간 50% 감면 하고, 그 다음 2년 내 종료하는 과세연도는 30% 감면 • 농어촌지역중소기업 창업자 및 수도권 외 중소기업창업자는 창업 후 6년간 법인세(소득세)의 50% 감면
등록세	지방세법 제280조	• 창업 후 2년 내 취득한 사업용 재산에 대해 등록세 면제 • 대도시지역 벤처기업 집적시설입주 벤처기업에 대해서는 등록세 3배 중과세 배제
취득세	지방세법 제280조	• 창업 후2년 내 취득한 사업용 재산에 대해 취득세면제 • 대도시지역 벤처기업 집적시설입주 벤처기업에 대해서는 취득세 3배 중과세 배제
인지세	조세특별법 제116조	• 창업 후 2년간 금융기관 융자관련 서류에 대해 인지세 면제
재산세 종토세	조세특별법 제121조	• 창업 후 5년간 재산세 및 종합토지세 50% 감면 • 대도시지역 벤처기업 집적시설입주 벤처기업에 대해서는 등록세 5배 중과세 배제
농특세	농특세법 제4조	• 창업 중소기업 등의 소득세 또는 법인세, 취득세, 등록세 등의 세액감면에 대해서는 농특세를 부과하지 아니함
주식양도 차익	조세특별법 제13조	• 중소기업창업지원법에 의거하여 창업기업에 출자해서 발생한 양도차액에 대하여 비과세

3) 시장 및 경쟁 환경

시장 환경은 크게 시장 규모, 성장성, 수요 탄력성, 가격의 변동성, 제품 수명주기의 위치, 대체재의 위협 등을 들 수 있다.

(1) 시장 규모

시장 규모는 크게 국내 시장 규모와 해외 시장 규모로 나눌 수 있으며, 창업자는 사업 초기에 사업 규모를 판단하기 위한 국내 시장 규모와 거시적인 사업 규모를 판단하기 위한 해외 시장 규모를 모두 파악해야 한다. 시장규모는 시장 조사기관의 보고서나 증권사에서 발행하는 산업 현황 자료를 참고할 수 있다.

(2) 성장성

사업의 현 위치와 향후 사업의 성장하는 정도를 파악하는 것이며, 성장성을 분석하기 위해 유용한 방법으로는 동종 업체의 매출 실적 또는 영업이익 증가율을 시계열로 조사하여 분석하는 것이다. 여기에 경기 및 해당 업종의 추세를 고려하여 종합적으로 판단할 수 있다.

(3) 수요 탄력성

구매자의 소득 수준이나 판매하고자 하는 아이템의 가격 변화에 따라 수요의 변화가 발생하게 되며, 적정 수요량을 산정하기 위해 창업자는 고객에게 제공하는 아이템의 적정한 수요량을 산정해야 한다. 예를 들어, 1회용 생필품의 경우 모든 사람이 수시로 사용하게 되므로 가격은 저렴하게 책정하고 생산량도 대량 생산 시스템을 준비해야 한다. 반대로 특정 소비자에게 한정적으로 제공되는 아이템의 경우 수요량이 적은 만큼 가격을 높게 책정할 수밖에 없다.

(4) 가격의 변동성

일반적인 생필품의 경우 저가품이라고 소비자가 인식하고 있어 가격에 영향을 주는 요인이 원재료 가격 외에 크게 작용하지 않는다. 그러나 사치품의 경우 문화적 가치, 소비 트렌드 등 가격에 영향을 주는 요인이 많아지게 된다. 창업자는 가격에 영향을 주는 요인을 파악하고 이것들이 가격 변동에 얼마만큼 작용하는지 파악해야 한다.

(5) 제품 수명주기 상의 위치

제품은 도입기, 성장기, 성숙기, 쇠퇴기라는 제품 수명주기(product life cycle)를 갖게 된다. 도입기의 경우 얼리어답터를 중심으로 시장이 형성되어 향후 시장의 성공 여부를 평가받게 되며 소수의 판매자만 존재하게 된다. 성장기에는 소비자에게 제품에 대한 인식이 확산되기 시작하며 다수의 경쟁자가 난립하여 경쟁하는 상황을 말한다. 성숙기는 어느 정도 경쟁이 마무리되며 소비자에게 인정받은 소수의 제품이 시장을 독식하는 상황이고, 쇠퇴기는 해당 제품이 대체재 등의 출현에 의해 시장에서 퇴출되고 있는 상황이다. 창업자는 준비하고 있는 아이템이 제품 수명주기 상에 어떤 위치에 있는지 파악하고 현 단계에서의 생존 전략과 다음 단계에 대한 준비를 해야 한다.

(6) 대체재의 위협

대체재는 현재 아이템보다 품질, 가격, 서비스, 부가기능 차원에서 더 나은 기능을 제공하는 신제품을 말하며, 이러한 대체재의 출현은 기존 사업에 커다란 위협이 될 수 있다. 예를 들어, 필름 카메라는 디지털 카메라의 출현으로 시장에서 사라졌으며, MP3 플레이어는 스마트폰의 출현으로 시장에서 사라지게 되었다. 창업자는 준비하고자 하는 아이템이 다른 기존 제품의 대체재 또는 대체 서비스인지 또는 향후 다른 제품이나 서비스가 출현할 위협이 있는지 조사하고 이에 대한 대응책을 마련해야 한다. 또한 동종업계로 진입하려는 경쟁자가 출현할 위험도 존재하고 있어 신규 경쟁자에 대한 시장진입 여부도 파악해야 한다.

실습 4-3 외부환경 분석

■ 목적 : 경제적, 정부 및 법적, 시장 및 경쟁환경에 대한 분석을 실시한다.
■ 진행방법 : 각 환경에 대한 현 상황 및 향후 전망에 대해 기술해 본다.

No.	자원 구분	현 상황	향후 전망
1	경제적 환경		
2			
3			
4	정부 및 법적 환경		
5			
6			
7	시장 및 경쟁 환경		
8			
9			
기타 외부환경에 영향을 줄 수 있는 요인			

4) 공급자 환경

창업아이템이 원재료를 생산하는 것이 아닌 이상 창업하고자 하는 기업도 제품을 생산하기 위해 다른 공급자로부터 원재료를 공급받아야 한다. 원재료의 공급업자가 다수이고 완전 경쟁시장을 이루고 있는 경우에는 구매자의 힘이 강해진다. 즉, 구매처가 다양하기 때문에 단가나 품질이 마음에 들지 않는 경우 또는 대체재가 존재하는 경우에는 언제든지 다른 공급자를 찾을 수 있다. 반대로 원재료의 공급자가 소수 또는 독점업체일 때는 공급자의 힘이 강해진다. 창업자는 본인이 판매하고자 하는 제품에 필요한 원자재의 특성을 파악하고 어떠한 공급자로부터 원재료를 수급 받는 것이 유리할 것인지 판단하여 원재료 수급계획을 세워야 한다.

5) 기술적 환경

기술적 환경은 기존에 없었던 과학이나 기술의 발전으로 새로운 제품이 탄생하거나 대체품이 출시될 가능성을 말한다. 기업은 이러한 기술적 환경 변화를 빠르게 파악해서 고객의 니즈(needs)를 적시에 충족시키는 것이 중요하다. 기술적 환경은 산업의 특성에 따라 빠르게 변화하거나 상대적으로 느리게 변하기도 하는데, 창업자가 기술 창업을 염두에 두고 있는 경우에는 자신의 기술 분야가 어느 산업에 속하는지 파악하고 기술의 발전 속도에 비추어 자신이 소유하고 있는 기술이 어느 위치에 있는지 알아야 한다.

또한 아무리 좋은 기술이라고 하더라도 소비자가 중요하다고 생각하지 않는 기술은 시장에서 외면당할 수도 있다는 점을 유념해야 한다.

기술의 발전 방향을 예측하기는 매우 어렵다. 신제품 개발에는 많은 비용이 소요되고 기업의 사활이 걸려 있는 문제로 보안사항에 해당되기 때문이다. 기술의 발전 방향을 예측하는 방법으로는 글로벌 업체의 IR자료 또는 사업보고서를 참고하여 어느 분야에 연구개발자금을 활용하는지를 파악하거나 미래유망 신기술, 4차산업의 혁명 기술개발 테마분류표 등을 활용해 보거나 국가에서 지원하는 R&D지원사업이 어느 분야에 집중하고 있는지를 살펴보는 방법이 있다.

6) 사회적 환경

사회적 환경은 일반적으로 사회를 구성하고 있는 구성원의 기본적인 정보를 총괄하며 인구의 변화 정도, 연령대의 분포, 소득 수준의 변화, 가치관의 변화, 라이프 스타일의 변화 등을 들 수 있다.

(1) 인구의 변화 정도

우리나라의 경우 과거에는 3~4명의 자녀를 두는 것이 당연했지만 최근에는 1~2명의 자녀를 선호하는 추세이다. 이에 따라 인구 증가 폭도 줄어들었으며 자녀 수가 줄면서 예전보다 자녀에 대한 관심이 늘어나고 있다. 자녀에 대한 관심은 가구 소비 행태에 영향을 주게 되며 유아용품 산업에 큰 영향을 미칠 수 있다. 창업자는 본인의 사업 방향이 인구 변화에 어떠한 영향을 받을 수 있는지 확인해야 한다.

(2) 연령대의 분포

통계청이 발간한 '2017 한국의 사회지표' 분석에 따르면 지난 해 노인인구가 유소년 인구를 처음으로 추월했다.

2017년 우리나라 총인구는 5만1446천명, 인구성장률은 0.39%로 앞으로 인구는 2032년에 성장률 0% 이후 2060년에 성장률 -0.97% 수준이 될 것으로 전망된다.

인구의 중위연령은 2014년(40.3세)에 40세를 넘어섰고, 지난해에는 42.0세, 그리고 2033년(50.3세)에 50세가 넘을 것으로 예측된다.

저출산의 영향으로 출생아수는 계속 감소하고, 의료기술 발달 등으로 인한 수명 연장으로 65세 이상 인구는 계속 증가, 우리나라 인구의 연령구조는 1960년에는 아랫부분이 두터운 형상에서 2017년은 중간 부분이, 2060년에는 윗부분이 두터운 모습으로 점차 전환될 예정이다.

출생아 감소로 유소년인구(0~14세)의 비중은 계속 줄어들어 2017년 고령인구(13.8%)가 유소년 인구(13.1%)보다 처음으로 많아지고, 생산가능인구는 2016년 73.4%를 정점으로 이후 감소하는 추세다.

우리나라 65세 이상 인구비율은 13.8%. 2030년 24.5%, 2040년 32.8%, 2060년 41.0%로 지속적으로 증가할 것으로 보여진다.

노령화지수(104.8명)와 노년부양비(18.8명)는 2060년에는 각각 434.6명, 82.6명으로 현재보다 약 4배 이상 증가할 것으로 예측되고 있다.

이에 따라 실버산업이 각광받고 있으며, 향후에도 은퇴 세대가 지속적으로 늘어감에 따라 실버산업은 호황산업이 될 것으로 예측된다. 창업자는 자신의 아이템이 어느 세대에 주로 사용되는 제품인지 파악하고 그 연령대의 분포를 조사해야 정확한 시장 타깃팅이 가능할 것이다.

(3) 소득 수준의 변화

과거에는 결혼 이후 주부는 가정에서 생활하는 생활 패턴을 보였으나 최근에는 맞벌이가 주를 이루고 있다. 이에 따라 가정 당 소득 수준이 높아지게 되었으며, 외식산업이나 문화 산업이 발전하게 되었다. 창업자는 진입하고자 하는 사업이 소득 수준에 영향을 받는지 파악해야 한다.

(4) 가치관의 변화

빠른 공업화와 더불어 최근에 환경에 대한 문제가 대두되고 있다. 이러한 사회 환경의 변화는 소비자에게 친환경 제품을 선호하게 하거나 인체에 유해한 자료나 원료를 사용하는 기업에 대한 불매운동을 벌이는 등 사회적 압박이나 제재를 가하기도 한다. 결국, 사회문화의 변화는 소비자의 가치관에 영향을 줄 수 있으며, 창업 시 소비자에게 제공할 재화나 서비스가 이러한 소비자 가치관에 부합하는지 고려해야 한다.

(5) 라이프 스타일

인구, 연령, 소득 등의 변화에 따라 소비자의 라이프 스타일은 수시로 변화하게 된다. IT기술의 발달에 따라 우리는 해외 각 나라별 유행을 실시간으로 파악할 수 있으며, 국제 운송서비스의 발달에 힘입어 해외직구 등을 통해 제품을 빠르고 편리하게 구매할 수 있는 환경에 도달해 있다. 사회

전반적인 기술의 발달에 따라 소비자는 생활의 질을 높이기 위한 노력을 보이고 있다. 창업을 고려할 경우 이러한 소비자의 라이프 스타일이 사업 운영에 어떠한 영향을 주는지 파악해야 한다.
내부 환경이 창업자에게 강점과 약점의 요소로 작용한다면 외부환경은 사업의 기회와 위협의 요소로 작용하게 된다. 내부 환경과 마찬가지로 외부환경도 또한 수시로 변화하며, 창업자는 이러한 변화에 민감하게 대처해야 사업에 있어서 위험을 감소시킬 수 있다. 창업자는 각 요소에 대한 강점, 약점, 기회, 위협요소를 정확히 파악할수록 사업에 성공할 확률이 높아짐을 인식하고 있어야 한다. 또한 파악된 정보를 바탕으로 강점과 기회요소는 이를 극대화하여 사업의 시너지를 높일 수 있는 전략을 수립하고, 약점 및 위협요소는 이를 극복하여 사업의 안정화를 도모할 수 있는 전략을 필수적으로 수립해야 한다.

실습 4-4 외부환경 분석

■ 목적 : 공급자, 기술적, 사회적 환경에 대한 분석을 실시한다.
■ 진행방법 : 각 환경에 대한 현 상황 및 향후 전망에 대해 기술해 본다.

No.	자원 구분	현 상황	향후 전망
1	공급자 환경		
2			
3			
4	기술적 환경		
5			
6			
7	사회적 환경		
8			
9			
기타 외부환경에 영향을 줄 수 있는 요인			

Chapter 05

잘되는 상권 찾기 -상권분석-

1. 상권의 정의와 조건
2. 상권 분석 프로세스와 범위
3. 상권 분석 시 주의사항
4. 상권정보시스템 소개

Chapter 05 잘되는 상권 찾기 -상권분석-

1. 상권의 정의와 조건

1) 상권의 정의

상권이란 여러 점포 또는 상업 집적지가 고객을 동원할 수 있는 범위로 정의되며, 다양한 업종의 점포가 상가 등을 형성하여 밀집된 지역 교통 중심지, 업무 중심지 등 유동인구를 집중시킬 수 있는 흡입력 있는 특정 지역이란 의미도 가지고 있다. 이러한 상권의 범위는 점포 크기, 취급 상품의 종류, 상업 집적도, 교통 편리성 등에 따라 달라진다.

상권은 유사한 직업이나 목적을 가진 사람들이 모이는 지역이라는 특징이 있는데, 이렇게 유사성을 보이는 특성으로는 직업 및 목적 외에도 모이는 사람들의 수준, 연령, 취미, 소비행태(아파트 및 단독주택) 등을 들 수 있다.

창업을 고려할 때 상권 분석이 중요한 의미를 갖는 것은 업종 및 업태에 따라 상권이 크게 다르기 때문이다. 따라서 창업을 할 때에는 상권 설정 및 기준점에 대한 파악을 정확하게 해야 한다. 또한 해당 지역으로 유입되는 인구의 특성을 평가하는 상권 분석은 상품 구성 및 가격대 설정, 구매력 추정과 매출액 설정, 판촉 활동 범위 등을 결정하는 데 기초적이며 필수적인 정보를 제공해 준다.

2) 좋은 상권이란?

좋은 상권으로 평가되는 지역은 창업아이템의 종류나 사업의 규모에 따라 달라지지만 배후거주지, 유동인구, 고객 유입시설, 교통 및 경쟁 관련의 측면에서 다음과 같은 조건을 충족시키는 경우이다.

일반적으로 상권분석을 통해 적정한 입지를 찾으려면 원하는 입지에서 투자자본수익률(ROI)을 달성할 수 있는지 체크해야 한다. 반경 2km 이내에 10층 이상의 대형건물이 5개 이상 있거나 밀집지역 또는 대규모 아파트나 주택단지가 있는 경우, 버스종착지 반경 500m 이내 지역이거나 고정세대가 5,000세대 이상인 지역의 경우 배후거주지 조건이 우수한 것으로 평가받는다.

유동인구의 측면에서 좋은 경우는 고등학교나 대학 주변(정문 500m 이내, 후문 300m 이내 지역) 상권, 지하철역 및 버스정류장으로부터 주택으로 들어오는 입구의 모퉁이에 위치하고 있는 경우, 편도 2차선 삼거리 이상 도로의 200m 이내 지역에 있는 경우이다. 보통 유동인구가 많은 지역은 유입인구 또는 고정인구나 2만 명 이상인 지역을 말한다.

반경 1km 이내에 여관, 호텔 등의 숙박업소가 10개 이상 있거나, 지하철역 300m 이내 지역, 버스정류장 100m 이내 지역, 정류장에 정차하는 버스의 노선이 5곳 이상인 지역 등은 고객유입 및 교통 관련 시설 측면에서 좋은 상권으로 평가받는다.

또한 동일도로 200m 이내에 동업종이 없는 지역이나 반경 500m 이내에 동업종이 3개 이상 없는 지역은 경쟁 측면에서 좋은 상권으로 고려된다.

2. 상권 분석 프로세스와 범위

상권개요	• 상권 배후 환경 및 상권 핵심 등을 파악
상권지도	• 지세 및 1차, 2차, 3차 상권까지의 상권 지도 작성
인구 통계 및 구매력 분석	• 양적인 요인들로 인구, 세대수 등을 파악 • 구매실태를 조사하여 소비 특성과 수준을 조사
통행량 및 흐름도 분석	• 입지 주변의 교통체계를 분석한 후 요일별, 시간대별 통행량 조사 실시 • 유동인구 특성별 조사
상권 특성 분석	• 해당 지역의 특성 파악
부동산 시세 분석	• 지역의 임대보증금, 임대료, 권리금 등 파악
변화 가능성	• 각종 개발계획을 검토하여 해당 구역의 변화 분석

〈그림 5-1〉 상권 분석 흐름도

상권 분석을 위해서 현장조사를 하기 전에 다양한 상권 분석 시스템이나 행정통계자료 검토와 병행하여 네이버(Naver)나 다음(Daum) 지도 서비스를 활용하면 의외로 상당한 정보를 확보할 수 있다.

〈표 5-1〉 상권 분석의 주요 내용

분석 범위	주요 내용
상권 범위/배후세대 분석	• 상권 범위 설정: 위성 서비스의 지형, 지물, 거리 개념을 사용하여 판단
	• 배후세대분석: 단지별 아파트 현황 판단 → 상권 분석 시 전체 배후 아파트 단지에 대한 분석은 수행하지만 개별 분석은 하지 않는데, 도시지역 상권에서는 반드시 필요한 부분임(세대수, 동수, 아파트 층수, 면적, 입주 시기, 구간 거래가격의 일부 정보)
	• 일정한 소 권역 내 주택호수 조사에도 사용
	• 경쟁 상권과의 거리 및 교통, 주변 환경조사로 상권의 우열 판단
도로/교통 환경	• 도로명 지도: 도로의 기능을 통해서 상권의 흐름 파악
	• 노선버스: 노선 숫자와 경유 노선을 통해서 고객 유입지역 및 방향을 파악하는 데 적합
	• 교통 흐름: 차량 지·정체 시간대를 통해서 입점 점포의 적정성을 판단
업종조사	• 업종(아이템) 분포 현황 및 상권 지도 작성 가능
	• 경쟁점(경합점) 위치, 규모, 브랜드명, 입지
	• 경쟁점까지의 거리 측정으로 입지의 우위성 판단
입지조사	• 동일 건물 내 및 연결 업종조사를 통한 입지의 경쟁력
	• 건물 및 점포 규모, 전면넓이 측정 가능, 건물 점포의 외관 모양
주요 업종/시설분포도	• 카페(제과점/아이스크림/기타): 각 업종별 경쟁점 숫자와 경쟁 정도를 파악할 수 있고 트렌디한 업종의 입점 여부를 판단하는 추세 분석에 도움
	• 병원 및 의료(종합병원/과별병원/치과/한의원/약국): 각 진료과목별 입점 숫자에 따라서 지역 상권을 판단하는 중요 자료로 활용 가능
	• 주차장(공영/공용/환승): 도심지에서 가족형 외식업, 대형 음식점의 주요 판단 자료
	• 마트 및 슈퍼: 동네상권의 생활동선을 파악하는 데 도움
	• 생활 및 편의(세탁소/PC방/노래방/찜질방/독서실/열쇠/구두수선/꽃집화원): 특별한 상관관계는 없고 업종 간 경쟁도 파악 정도
	• 스포츠 시설: 1차적으로 각 부문별 경쟁도 파악에 이용하지만, 성인 피트니스센터나 골프연습장은 상권의 소득 수준 파악에 이용
	• 음식점: 경쟁업소 위치, 규모 파악이 가능하고 각 업종군 분석을 통해서 상권 내 음식점군, 즉 먹자골목 상권을 파악할 수 있음
	• 숙박업소: 야간 업종을 하려는 창업자에게는 숙박업소의 분포가 중요 자료가 됨
	• 은행: 은행 분포의 숫자와 위치 및 은행의 종류에 따라서 상권의 등급을 판단하는 자료로 활용 가능
	• 주유소: 상권 형성 지역에서 상권의 단절요소를 파악하는 데 중요함
	• 편의점: 상권 내의 유동인구 활성화 지역, 동선을 파악하는 데 중요
	• 영화 및 공연: 영화 및 공연장은 지역의 거점 상권에 위치하므로 상권 범위가 넓은 업종의 입점 시 유효한 상권 범위와 타깃층의 고객 분석에 활용 가능
	• 관공서: 입점 시 인지도를 높이기 위한 경우 인근의 관공서 위치는 중요함. 각 공공기관별로 유입성이 높은 기관도 있지만 오히려 저해하는 요소도 있기 때문에 파악에 신중을 기할 필요성이 있음
도시 계획	• 지구단위계획(개발계획): 개발 진행단계와 방법

〈표 5-2〉 상권 분석 수행 단계

단계	수행 내용
1	• 이름난 상권에는 이유가 있다. • 이름난 상권을 살펴봄으로써, 상권에 대한 느낌을 익힌다.
2	• 이름난 상권의 핵심을 찾는다. • 상권 핵심의 구성요소를 찾아내고 스스로의 판단기준을 만든다.
3	• 이름난 상권의 주 이용자층을 분석한다. • 이용자의 이동경로와 구매패턴을 살펴본다.
4	• 일반적인 상권을 돌아본다. • 덜 유명한 상권에 대한 감도 필요하다.
5	• 가능한 많은 곳을 찾아가서 분석해본다. • 상권조사는 다다익선이며, 반복적인 연습이 필요하다.
6	• 점포 하나로 상권을 유추해 본다. • 특정 점포에 대한 고객분석을 통해 전체 상권의 특성을 유추한다.
7	• 상권을 만드는 법을 연구해본다. • 내 사업을 통해 기존 상권을 변화시킬 수도 있다.

3. 상권 분석 시 주의사항

정보가 많은 것이 좋은 것만은 아니며 오히려 의사결정에 방해가 될 수 있다. 따라서 다양한 정보를 활용하기 위한 자신만의 계획이 있어야 하며 목표 검토를 위해 필요한 하나의 지표로 생각해야 할 것이다.

상권 분석도 이와 비슷한데, 신뢰성 있는 외부 정보라 할지라도 오류나 잘못된 정보가 포함될 수 있기 때문에 전적으로 신뢰하는 것보다 참고자료로 활용하는 것이 적절하며, 상권 분석의 결과 자신의 아이템의 장·단점이 무엇인가를 고려하는 것이 좋다.

상권 분석을 제대로하기 위해서는 상권 전체의 특성, 인구의 움직임과 같은 큰 부분에서부터 해당 상권 내 자신의 점포 위치 및 관련 사항과 같은 세세한 부분에 이르기까지 단계적으로 파악해 두는 것이 중요하다.

이 때문에 인터넷 등을 통한 사전 조사를 기반으로, 현장에도 여러 번 방문하여 상권의 분위기를 느끼고 실질적인 유동인구를 파악하며, 점포의 입점 위치를 평가해 보는 것이 상권 분석을 위해 필수적이다.

또한 성공적인 창업을 위해서는 특정 상권에서 점포를 열었을 때 사업 성공 가능성을 검토하는 상권 분석뿐만 아니라, 투자규모, 업종, 목표 고객 등 사업 진행을 위한 여러 요인을 검토하는 입지 분석을 함께 수행하는 것도 필요하다. 창업을 위한 투자금은 적당한지, 건물의 모양과 용도는 업종에 적합한지, 권리금이 너무 높은 것은 아닌지 등의 요소를 상권 분석과 병행하여 수행한다면 사업의 실패확률을 낮추고 성공확률을 높일 수 있을 것이다.

뿐만 아니라 상권 분석을 수행할 때에는 조사 결과 자체만으로 특정 방법을 고려하지 말고 상권의 내재적 특성을 반영한 점포 전략의 측면에서 접근해야 한다. 이를 무시하고 겉으로 드러난 현상만을 살펴서 그에 따른 구체적 방법만을 고려한다면 좋은 상권 분석 결과를 도출할 수 없을 것이다.

4. 상권정보시스템 소개

1) 중소기업청 상권정보시스템

지역 · 업종별 창 · 폐업, 인구, 집객시설 등 53종의 상권현황과 경쟁정도, 입지등급, 수익성 등의 분석정보를 제공해 준다.

상권정보시스템 사이트 (http//sg.sbiz.or.kr)에 접속하고 회원가입 후 로그인한다.

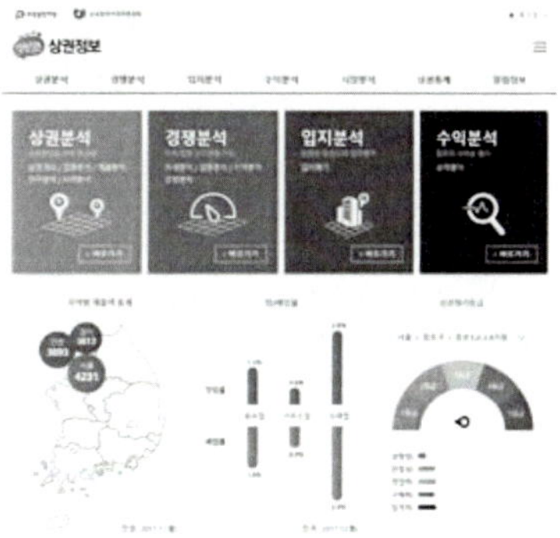

상권분석

특정 지역 · 영역 · 업종의 업종, 매출, 인구, 지역 53종의 상권정보 제공

업종(추이, 창 · 폐업 등), 매출(추이, 특성 등), 인구(유동, 거주 등), 지역(주요집객시설, 학교, 교통 등)

경쟁분석

업소별 경쟁영역 내 거래건수를 기반으로 경쟁수준을 평가할 수 있는 지표

안전, 주의, 위험, 고위험 4단계 경고 형태로 제공

입지분석

특정 입지에 대한 45개 표본업종별 입지가치(예상매출액)의 평균을 종합하여 평가한 입지등급정보

수익분석

특정 위치 · 업종의 추정매출액, 투자비 회수를 위한 목표매출 및 고객수, 유사한 입지 · 업종의 매출현황의 비교분석 정보 제공

점포이력

특정 위치의 개 · 폐업 이력정보. 특정 업종의 창업여부 및 영업기간 등의 정보 제공

2) 우리마을 가게 상권분석 서비스

서울시가 제공하는 상권분석 서비스로 상권 관련 빅데이터 확보로 자영업자가 가장 많이 창업하고 있는 43개의 생활밀착업종을 선별하여 업종별 다양한 정보를 상권단위로 제공하고 있다.

http://golmok.seoul.go.kr 에 접속하고 회원가입 후 로그인 한다.

Chapter 06

내 사업 미리 들여다 보기
-사업 타당성 분석-

1. 사업 타당성 분석의 3요소
2. 환경 분석 결과로 SWOT 전략 세우기
3. 기술 창업에 유용한 분석은 따로 있다
   -BMO 평가-

Chapter 06 내 사업 미리 들여다보기 -사업 타당성 분석-

사업 타당성(feasibility)이란 '사업 자체의 진행 가능성 또는 사업의 추진을 통해 달성하고자 하는 목표를 실현할 가능성'을 말하며 사업을 수행하기 전에 이러한 사업 타당성을 분석하여 실제 사업 추진에 대한 가능성을 확인해야 한다.

사업 타당성 분석은 첫째, 객관적인 자료를 활용한 체계적인 분석을 통해 사업의 성공 가능성을 판단할 수 있으며, 둘째, 경제성, 수익성, 시장성, 생산성 등의 사업에 대한 세부 성과를 미리 판단할 수 있고, 셋째, 사업 타당성 분석과정을 진행하면서 사업 수행 시 발생할 수 있는 위험요소를 미리 파악할 수 있으며, 마지막으로 사업 타당성 분석 결과는 사업계획서 작성에 도움이 되며 충실하게 작성된 사업계획서는 정부과제를 받거나 투자자에게 자금을 조달받을 때 유용한 자료로 활용된다.

1. 사업 타당성 분석의 3요소

사업 타당성은 크게 경제적 타당성, 재무적 타당성, 기술적 타당성으로 구분할 수 있으며, 사업의 성격에 따라 각 요소의 비중이 달라질 수는 있지만 세 가지 타당성에 대한 분석은 모든 사업에 필수적으로 수행되어야 한다.

1) 경제적 타당성 분석

경제적 타당성 분석은 사업에 소요되는 비용(cost)과 이익(benefit)을 측정하고, 이에 따라 경제적 수익률을 계산하여 사업에 대한 투자의 타당성 여부를 판단하는 분석을 말한다. 간단히, 사업에 소요되는 비용의 합을 동 사업기간 내에 벌어들일 이익으로 나누어 그 비율이 1보다 큰 경우 사업 타당성이 있다고 보는 방식이다.

경제적 타당성을 분석하는 방식으로는 비용편익비율법(Befnit-cost ratio)과 순현재가치법(Net Present Value: NPV), 내부수익률법(Internal Rate of Return: IRR)을 사용하며 현재의 이자율과 미래의 이자율 등 경제적 지표를 주로 활용하여 계산한다.

경제적 타당성 분석은 거시적인 경제지표를 활용하여 계산되므로 주로 5년 이상의 기간이 소요되는 대규모 사업이나 프로젝트에 대한 타당성 분석에 용이하며 1인 창업의 경우에는 활용하기 어렵다는 단점이 있다.

2) 재무적 타당성 분석

재무적 타당성 분석은 창업자가 사업을 시작했을 때 해당 사업이 충분한 대가와 수익을 보장하는지, 예상되는 기간 내에 투자금을 회수할 수 있는지에 대한 가능성 여부, 현재의 자금능력과 사업 운영 시 발생하는 재무상태를 서로 비교하여 향후 재무상태에 어떠한 영향을 미칠 것인가를 평가하는 데 목적이 있다.

재무적 타당성 분석을 진행하기 위해서는 우선적으로 재무제표에 대한 이해가 선행되어야 한다. 재무제표는 크게 대차대조표, 손익계산서, 이익잉여금처분계산서, 현금흐름표로 나누어지며 본 절에서는 재무제표의 기초가 되는 대차대조표와 손익계산서에 대한 개념만 소개하도록 하겠다.

대차대조표는 기업의 재무상태를 보여 주는 것으로 자원의 운용상태를 나타내는 자산을 왼쪽(차변)에 자원의 조달 원천을 나타내는 부채와 자본을 오른쪽(대변)에 기입하는 양식을 갖추고 있다. 또한 '자산 = 부채 + 자본' 의 공식이 존재하여 차변의 합과 대변의 합은 항상 같다.

〈표 6-1〉 대차대조표의 구조

차 변	대 변
자산	부채
	자본

손익계산서는 기업 활동의 재무적 결과인 수익과 비용을 나열하고 그 차이를 정리해 당해 연도 사업의 손익 여부를 파악하는 것이다. 손익계산서는 경영 활동에서 발생하는 다양한 입출 내역이 존재하게 되는데, 이 중 기본적으로 인지 할 부분은 매출액과 영업이익이다. 매출액은 사업성과의 총합을 나타내는 금액이며, 영업이익은 영업 활동의 결과만을 가지고 표현되는 경영성과이기 때문이다. 다른 항목이 중요하지 않은 것은 아니지만 매출액과 영업이익은 기본적인 경영성과를 볼 수 있는 중요지표이기 때문에 개념을 숙지하도록 하자.

기본적인 재무제표의 모양을 이해했다고 해서 바로 창업자가 예상 재무제표를 작성하기에는 무리가 따른다. 각 항목이 어떤 비율로 구성되는지 예측하기 어렵기 때문이다. 가장 좋은 예상 재무제표 작성법은 동종업체의 재무제표를 참고하는 방법이다. 업종마다 재무제표는 차이가 있으나 동종업종은 대부분 비슷한 비율을 가지고 있다. 동종업체 중 목표로 하는 기업이 있는 경우 그 기업의 재무제표를 활용하여 예상 재무제표를 작성할 수 있으며, 목표기업이 없는 경우에는 동종업체의 평균 재무제표를 활용하는 방법을 사용할 수 있다. 동종업체의 평균 재무제표는 한국은행의 기업경영분석 자료를 이용하면 된다.(www.bok.or.kr)

매출액
-매출원가(재료비, 노무비, 경비, 감가상각비 등)
-판매 및 관리비(급여 및 복리후생비 등)
영업이익
+ 영업외 수익(이자수입 등)
-영업외 비용(이자비용, 임차료 등)
경상이익
+ 특별이익
-특별손실
세전순이익
-법인세
당기순이익

〈그림 6-1〉 손익계산서의 구조

3) 기술적 타당성 분석

경제적 타당성 분석과 재무적 타당성 분석의 경우 수학적 공식이나 재무적 자료를 활용하여 분석할 수 있어 기술적 타당성 분석에 비해 상대적으로 수월하게 분석을 할 수 있다. 기술적 타당성 분석은 최근 신기술 및 기술 집약형 사업이 많아지고 있고 기술의 융·복합화, 응용 영역의 확산 등에 따라 고려해야 할 변수의 종류가 많으며 그 범위가 넓어 정확한 분석이 어려워지고 있다.

기술적 타당성 분석의 핵심은 보유하고 있는 기술이 유용한지, 기술의 개발이나 사용에 있어 발생할 수 있는 위험요소가 있는지, 개발 중인 기술일 경우 성공 가능성이 있는지 평가하는 것이다. 기술적 타당성 분석을 위해서는 독창성, 수익성, 생산계획, 생산 환경, 시설계획, 입지조건에 대한 분석이 이루어져야 한다.

창업자는 자신의 사업 성격에 따라 경제적, 재무적, 기술적 타당성 분석을 실시해야 한다. 모든 타당성 분석을 다 수행할 필요는 없지만 모든 사업에 있어 재무적 타당성 분석은 필수적으로 수행되어야 한다.

2. 환경 분석 결과로 SWOT 전략 세우기

1) SWOT 분석이란?

SWOT는 강점(Strength), 약점(Weakness), 기회(Opportunities), 위협(Threats)의 앞 글자를 가져온 말이다. R&C 분석을 통한 내부환경 분석은 강점과 약점으로, 외부환경분석은 기회와 위협에 적용된다. 즉, SWOT 분석은 주로 전략수립 이전에 고려할 요소를 파악하여 기업이 직면한 외부환경 중 기회와 위협요소 들을 기업내부의 강점, 약점에 대응하여 효율적인 전략을 수립하는 기법이다. 기업은 SWOT 분석을 통해 얻은 결과를 바탕으로 전략을 도출할 수 있는데 이를 토대로 강점은 살리고 약점은 죽이며, 기회는 활용하고 위협은 억제하는 전략을 수립하는 것이다.

다음 표는 대표적인 SWOT의 예이다. 현실적으로 4분면으로 구성된 SWOT 분석의 요인을 한 번에 종합하여 전략을 도출하는 것은 어렵다. 그렇기 때문에 강점과 기회요인을 묶어 강점을 가지고 기회를 살리는 전략, 약점과 기회요인을 묶어 약점을 보완하여 기회를 살리는 전략 등 총 SO, WO, ST, WT의 네 가지 전략도출을 시도할 수 있다.

◆ SWOT 분석

내부환경	강점	• 우수인재 확보 • 새로운 시설, 최신장비 보유 • 자금동원력
	약점	• 인재부족 • 시설노후화 • 핵심기술 부재 • 시장 인지도 부족
외부환경	기회	• 시장 확대 조망 • 감세, 면세 • 관련 업종 부가 상승
	위협	• 경쟁격화 • 스테그플레이션 • 관세장벽

실습 6-1 SWOT 분석 실습

■ 목적 : 창업아이템에 대한 SWOT 분석을 실시해 본다.
■ 진행방법 : 자료조사를 통해 사업 아이템에 대한 강점, 약점, 기회, 위협요소에 대해 정리해본다. 모든 자료는 객관적인 출처를 제시할 수 있어야 한다.

구분	Opportunities(기회)	Threats(위협)
society (사회적 환경)		
competition (경쟁환경)		
economy (경제적 환경)		
technology (기술적 환경)		
information (정보환경)		
customer (고객환경)		
구분	Strength(강점)	Weakness(약점)
men (인적자원)		
material (원재료)		
money (자금)		
information (정보력)		
time (시간활용)		
image (기업이미지)		

2) SWOT 분석을 통한 전략 수립

SWOT를 정리했다면 정리된 결과를 이용해 향후 추진할 사업에 대한 전략을 마련 한다. 강점, 약점, 기회, 위협을 각각 연결시켜 네 가지 전략이 도출된다.

내부요인 / 외부요인	강 점	약 점
기회요인	SO (장점을 가지고 기회를 살리는 전략)	WO (약점을 보완하여 기회를 살리는 전략)
위험요인	ST (강점을 가지고 위협을 회피하거나 최소화하는 전략)	WT (약점을 보완하면서 동시에 위험을 회피하거나 최소화하는 전략)

위의 네 가지 전략은 목적 달성의 중요성, 실행 가능성, 경쟁자와의 차별성, 시의 적절성 등을 고려해 수립해야 한다. 강점과 약점, 기회와 위협의 요소를 찾아냈다면 이를 활용하고 극복할 수 있는 전략을 마련하는 것이 SWOT 분석의 최종 목적이다.

SWOT 분석의 장점은 첫째, 내부와 외부의 환경을 동시에 판단할 수 있다. 이를 통해 현재의 상황뿐만 아니라 미래의 상황에 대한 예측도 가능하여 장기적인 전략수립에 도움이 된다. 둘째, 다양한 내용을 간단한 매트릭스로 명료하게 나타낼 수 있다. 이는 창업자 본인뿐만 아니라 투자자 등 다른 사람에게도 사업의 전략을 쉽게 설명할 수 있다는 강점을 지닌다.

반대로 SWOT 분석의 단점은 각 체크리스트를 정리하기 위해서는 다양한 관련 지식이나 정보를 확보해야 한다는 것이다. 두 번째로 스스로 SWOT 분석을 실시하게 되는 경우 약점과 위협요소에 대한 평가에 관대해질 수 있다. 창업자는 냉철하게 내부의 약점과 외부의 위협요소를 파악하여 전략을 수립해야 한다.

실습 6-2 SWOT 분석 결과에 따른 전략 수립

■ 목적 : SWOT 분석 결과에 따른 사업 전략을 수립한다.
■ 진행방법 : 강점과 기회요인을 부각시키고 약점과 위협요인을 상쇄시킬 수 있는 방안을 마련하여 정리해 본다.

	Opportunities(기회)	Threats(위협)
Strength(강점)	SO 전략	ST 전략
Weakness(약점)	WO 전략	WT 전략

3. 기술 창업에 유용한 분석은 따로 있다 -BMO 평가-

SWOT 분석은 창업 분야에 상관없이 다양한 업종의 사업성을 평가하는 데 유용한 타당성 분석방법이라고 볼 수 있다. 그러나 기술을 기반으로 한 창업의 경우에는 추가적으로 BMO 평가을 실시하면 더 정밀한 사업 타당성 분석을 할 수 있다. 본 절에서는 기술 창업을 준비할 경우 유용하게 활용될 수 있는 BMO 평가에 대해 소개하겠다.

1) BMO 평가이란?

BMO평가란 기술의 사업화를 위해 유망한 기술을 선별하기 위한 방법, 즉 우수기술을 선정하는 기법의 하나로 개발된 것으로, 미국 펜실베니아대학의 와튼스쿨(Wharton School)에서 개발한 툴이다.

본래는 연구개발 테마선정을 위해 개발된 기법이었으나, 이것을 일본의 대강사무소(大江)에서 신규사업 및 아이템 선정을 위해 스크리닝 기법으로 수정하였다.

BMO평가는 두가지 측면에서 평가가 이루어진다. 첫 번째는 사업매력도로 내부의 역량을 고려하기 전 단순히 해당 사업아이템 자체가 가지고 있는 사업화 매력도를 측정하는 것으로 6가지 측정 항목으로 구성되어 있으며 각 항목당 10점 만점에 총 60점 만점이다. 두 번째는 자사적합도로 사업매력도의 총점이 35점이 넘는 경우 사업매력도가 있는 것으로 판단되어 이러한 매력적인 사업이 실제 나의 역량과 적합한지 내부역량을 측정하는 것이다.

2) 사업매력도 측정

사업매력도란 창업아이템이 속하고 있는 산업의 속성과 사업 환경을 고려하여 해당 사업이 동 산업 내에서 얼마만큼 매력적인 사업성을 가지고 있는지를 평가하는 것이다. 총 6가지(시장규모, 성장성, 경쟁력, 위험분산도, 업계 재구축 가능성, 특별한 사회적 상황)로 구분되어 있으며, 각 측정 항목을 평가하기 위해서는 시장조사 자료나 통계자료 등을 참조하여 객관적인 평가를 수행해야 한다.

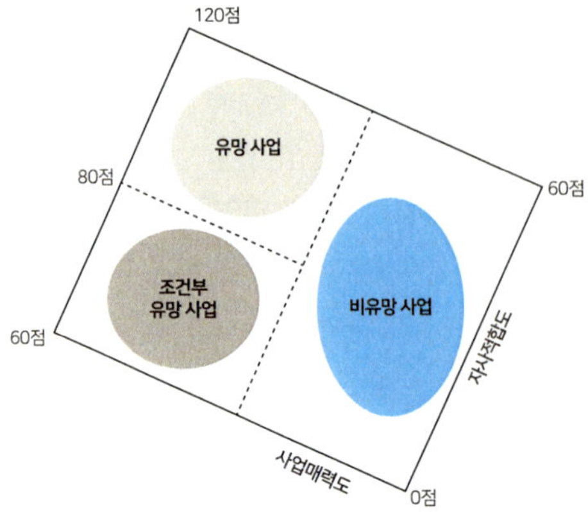

〈그림 6-3〉 BMO 평가 구조

(1) 시장 규모

창업연도로부터 5년 후 시장규모와 시장 성장률을 파악해 수치화하는 평가 항목으로 시장 규모는 국내시장을 기준으로 측정한다. 1,000억 원 이상의 시장 규모인 경우 5점을 부여한다.

- 투자효율: 5년간 평균이익을 5년간 평균 투자금으로 나눈 값(return on investment: ROI)을 측정하여 투자금 대비 이익을 측정하는 지표이다. ROI측정이 어려울 경우 연 평균 영업이익률로 계산해도 무방하다. 향후 이익을 계산하는 방법은 관련 산업의 과거 3년간 이익을 참고해 증가율을 계산하면 수월하다. ROI가 20% 이상일 경우 5점을 부여한다.

(2) 시장성장성

현재 또는 미래의 사업 내 경쟁상황 등을 고려해 창업아이템의 연평균 성장가능성을 평가하는 항목으로 국내시장을 기준으로 창업 개시연도 이후 5년간의 연평균 성장률을 계산하여 측정한다. 5년간 연평균 성장률(CAGR)은 (5년 후 시장 규모/1년차 시장 규모)(1/5-1)로 계산된다. 연평균 20% 이상 성장이 가능한 경우 10점을 부여한다.

(3) 경쟁력

동 시장 내의 경쟁 현황을 국내시장을 기준으로 측정하는 항목이다.

- 선발기업과 예상진입기업의 대응력 강도: 이미 창업하려는 사업을 진행하고 있는 선발기업이 있거나 향후 참여가 예상되는 기업이 있는지를 평가하는 항목으로 이미 선발기업이 시장을 석권하고 있고 다른 경쟁사가 그 시장을 침투하는 것이 어려운 경우에는 0점, 창업아이템이 고유하고 향후 경쟁자의 진입이 어려울 것으로 판단되는 경우에는 4점을 부여한다.
- 상품 또는 서비스의 수명: 창업아이템이 향후 몇 년간 시장에서 유통될 수 있는지를 평가하는 항목이다. 상품이나 서비스의 경우 현재 제공되는 제품보다 더 좋은 대체품이나 현재의 성능을 뛰어넘는 신제품이 출시되는 경우 시장에서 퇴출될 수 있다. 이를 감안하여 향후 창업아이템의 수

명을 예측해야 한다. 5년 이상 제품 수명이 기대되는 경우 3점을 부여한다.

- 특허 및 상표에 의한 방어 가능성: 창업자가 특허 및 상표 등의 지적 재산권을 보유하고 있는지, 없는 경우 획득방법이 있는지를 평가하는 항목으로 지적 재산권을 보유하고 있을수록 경쟁자의 시장침투를 방어할 수 있다. 강력한 지적 재산권 확보가 가능한 경우 3점을 부여한다.

(4) 위험분산도

국내시장을 기준으로 창업아이템의 응용사업화 가능성을 측정하는 항목이다. 응용사업화 종류가 많을수록 사업의 위험을 분산시킬 수 있다. 단, 응용사업화 아이템은 창업아이템과 비슷한 수준의 시장규모를 가지고 있는 분야여야 한다. 5종 이상 응용 분야가 있는 경우 10점을 부여한다.

(5) 업계 재구축 가능성

창업아이템이 시장에 출시되는 경우 동 산업에서 기존의 판매방식이나 생산방식, 제품의 기능이 변화하여 시장이 재구축되는 정도를 평가하는 항목이다. 이는 창업아이템의 혁신성을 측정하는 것으로 기존 시장과 비슷한 수준의 제품으로 사업 개시 후 기존 사업과 차별화가 없는 경우는 2점, 업계의 판도가 바뀌는 경우는 10점을 부여한다.

(6) 특별한 사회적 상황

창업아이템의 특별한 사회적 환경으로 진입장벽이 높아지거나 낮아지는 경우를 측정하는 항목이다. 법적 규제의 신설 또는 완화, 소비 트렌드나 소비자의 가치관의 변화 등이 측정 항목이 될 수 있다. 객관적 자료를 활용하여 상황에 따라 점수를 가감하여 측정한다(10점 만점).

3) 자사적합도 측정

자사적합도란 사업을 추진하기 위한 창업자 또는 창업기업의 내부역량을 사업의 특성을 고려하여 평가하는 항목이다. 총 6가지(필요자금 대응력, 판매 및 마케팅과의 적합성, 제조 및 운영력, 기술 및 서비스 기획력, 원재료 및 부품, 정보 입수력, 경영지원)로 구분되어 있으며, 각 측정 항목을 평가하기 위해서는 창업자 본인의 현재 상황과 향후 확보 가능 역량을 정확히 분석해야 한다.

(1) 필요자금 대응력

창업 후 사업진출에 필요한 자금력의 규모와 이를 어느 정도 대응할 수 있는지를 평가하는 항목이다. 막대한 자금력이 필요하며 창업자가 충분히 대응이 가능한 경우 10점, 이익 창출까지 필요자금 조달이 어려울 경우 점수가 낮아진다. 필요자금은 창업할 때 보유하고 있는 자금과 사업을 영위하면서 벌어들이는 이익금을 합산하여 계산한다.

(2) 판매 및 마케팅과의 적합성

사업에 대한 판로나 판매망을 구축하는 노하우를 창업자 또는 창업기업이 얼마나 보유하고 있는지를 평가하는 항목이다. 창업자의 기존 경력이나 경험이 창업아이템의 판로를 구축하는 데 도움이 되는 경우에는 10점, 신규 마케팅 방식이나 판로를 개척해야 하는 경우 0점을 부여하게 된다.

(3) 제조 및 운영력

창업자가 현재 보유하고 있는 자산(기계, 설비, 공장, 생산시설 등)을 창업아이템에 어느 정도 적용할 수 있는지 측정하는 항목이다. 기존 제조 역량을 충분히 활용할 수 있는 경우 신규 투자비용이 적어져서 효율적인 사업을 시작할 수 있다. 현재 보유 자산만 가지고 충분히 신규 사업을 추진할 수 있는 경우 10점을 부여하며, 신규 설비나 인력이 필요할수록 점수가 낮아진다.

(4) 기술 및 서비스 기획력

신규 사업을 추진하기 위한 기술력 및 서비스에 대한 기획역량을 측정하는 항목으로 신제품을 개발할 기술력을 보유하고 있으며 신규 고객을 발굴하고 유인하기 위한 서비스 기획역량을 보유하고 있는 경우 10점을 부여한다, A/S 등 고객 서비스 가능 여부가 중요한 평가 지표가 된다.

(5) 원재료 및 부품, 정보 입수력

제품을 생산하기 위해 필요한 원재료 등을 원활하고 저렴하게 구입할 수 있는지를 측정하는 항목이다. 원재료나 부품의 조달이 외부 환경(환율, 구매처 수, 대체품 존재 여부)에 영향을 받는지 측정한다.

(6) 경영지원

사업을 추진함에 있어 창업자의 의지 및 해당 사업을 담당할 전담 인력 보유 여부를 측정하는 항목이다.

- 전담 인력 보유 여부: 창업자를 포함해 해당 사업을 추진할 전담 인력을 보유한 경우 5점, 전담 인력이 있으나 필요 역량이 없는 경우 3점, 전담 인력이 없는 경우 1점을 부여한다.
- 창업자의 의지: 해당 사업을 추진하는 데 있어 창업자의 의지를 측정(5점 만점)

4) BMO 분석 결과의 평가

사업매력도와 자사적합도를 측정해 창업아이템의 성공 가능성을 예측한다. 우선 사업매력도를 평가하여 35점(60점 만점) 이상을 획득한 경우에만 자사적합도를 측정한다. 사업매력도가 35점 미만인 경우에는 해당 사업은 사업성이 없는 것으로 간주한다. 이후에 자사적합도를 측정하여 사업매력도와 자사적합도의 점수 합이 80점 미만인 경우에는 조건부 유망사업으로 분류하여 자사적합도의 점수를 높여 종합이 80점이 넘을 수 있는 전략을 수립해야 한다. 예를 들어, 자사적합도 중 5점미만으로 평가점수를 받은 항목이 있는 경우, 이를 5점 이상으로 높일 수 있는 방안을 마련해야 창업 시 성공할 가능성이 높아진다는 것이다. 자사적합도와 사업매력도의 합이 80점 이상인 경우에는 유망사업으로 평가되어 사업성공률이 높은 아이템으로 판단할 수 있다.

Chapter 07

실전! 사업계획서 작성

1. 사업계획서, 알고 쓰자
2. 매력적인 사업계획서의 구조
3. 제대로 된 사업계획서의 작성
4. 사업계획서의 평가

Chapter 07 실전! 사업계획서 작성

1. 사업계획서의 알고 쓰자

1) 사업계획서의 정의

미국의 경영학자 피터 드러커(Peter Ferdinand Drucker)는 '어떤 현상을 숫자로 표현하지 못하는 것은 문제를 정확히 알지 못한다는 것이고, 정확히 모른다는 것은 관리할 수 없다는 것이고, 관리할 수 없다는 것은 현재의 상태를 개선할 수 없다'는 의미라고 했다.

다이어트를 할 때에도 현재 상황을 알고 있어야 제대로 할 수 있다.

사업계획서란 창업자에게 현재의 사업방향에 대한 기준을 잡아준다.
스타트업이 '기계'를 설계한다면 사업계획서는 '설계도' 이다.
빠르게 성장하려면 설계가 잘 잡혀있어야 한다.

따라서 사업목적을 달성하기 위한 전략을 결정하고, 주어진 자원(인적 · 물적 · 재무적 · 정보적 자원 등)을 효율적으로 관리 및 운영함으로써 그 효과를 높이기 위해 구체화된 문서이다. 또한 사업 내용, 경영 방침, 기술성, 시장성, 판매 전망, 수익성, 소요자금 조달 및 운영계획, 인력 충원계획 등이 자세하게 표현된 문서 일체를 의미하기도 한다.

많은 사업계획서들을 살펴보면 명확한 사업 목표 및 전략의 개념이 부족하며, 사업화할 제품이나 서비스가 무엇이고, 이를 누구에게 어떻게 제공할 것인가를 의미하는 마케팅에 대한 경험이 없거나 미숙하다. 그리고 사업에 적용되는 기술 아이디어에 대한 특허보호 언급이 없는 경우가 대부분이며, 경쟁에 대해서는 단순히 동일한 제품이나 서비스를 취급하거나 기업 정도로만 생각하여 자세히 언급하지 않고 경쟁의 범위도 고려하고 있지 않는 경우가 많다. 또한 재무예측을 전혀 하지 않고, 대차대조표에 대하여는 개념조차 없는 경우도 많다.

이렇게 부족한 부분들을 보완하고 제대로 된 사업계획을 수립하는 데 도움을 주기 위해 캔버스모델(Canvas model)이나 린캔버스(Lean canvas) 등 빠르고 쉽게 사업을 파악할 수 있는 도구들이 개발되어 적용되고 있다. 다만, 이 도구들은 사업 초기 기획과정에서 쉽게 쓸 수는 있지만 작성자가 아니면, 명확히 이해하기 어려운 요약의 형태로 작성되기 때문에 장기적인 사업 운영 지침을 작성하거나 외부 이해관계자(투자자, 잠재고객 등)에게 사용되기 위해서는 보다 구체적인 내용들이 기술될 필요가 있다. 따라서 사업계획서는 아래와 같은 목적과 기능이 포함되도록 작성해야 한다.

〈표 7-1〉 사업계획서의 기능과 목적

기능	목적 및 주요 내용
계획 서류	• 어떻게 사업을 할 것인가에 관한 아이디어 개발 및 사업 타당성 분석에 활용 • 마케팅, 재무, 운영업무 등 기업 활동을 사전에 검토함으로써 전략을 구체화할 수 있는 기회를 제공 • 실제 시장에서 직면 가능한 잘못을 서류상으로 경험
안내 지도	• 지도 없이 여행할 경우 많은 어려움에 직면하며, 심지어 여행을 중단하는 경우도 있음 • 사업 수행을 위한 방향 안내서 역할
평가 기준	• 일정기간이 지난 후 실제 성과가 어떠한지 평가 가능 • 향후 새로운 사업계획서를 작성하는 기초자료로 활용
자금조달도구	• 금융기관 및 투자자들은 사업계획서를 통해 회사의 가능성을 검토

2) 사업계획서의 종류

(1) 요약 사업계획서

가장 짧은 형태의 사업계획서로 사업의 중요 정보만 포함하며, 보통 10~15페이지 분량으로 작성한다. 주로 은행대출 신청, 투자자의 관심 정도 파악, 소규모 투자유치 시도, 정부지원사업 참여 등에 활용한다.

(2) 본 사업계획서

자금조달을 주요 목적으로 작성되며 사업의 규모에 따라 차이가 있겠지만 20~30페이지 분량이다. 사업상 중요한 문제들을 충분히 설명해야 하며, 상당한 규모의 투자를 유치하고자 할 때 활용한다.

(3) 운영 사업계획서

앞서 설명한 두 개의 사업계획서와는 그 성격이 조금 다른데, 회사를 운영하기 위해서 내부관리 목적으로 작성하며, 40~100페이지로 작성한다. 창업한지 얼마 안 된 신생기업보다는 상대적으로 역사가 길고, 제품 수도 많으며 조직구조가 복잡한 성장단계에 있는 기업에게 더 필요한 사업계획서 유형이다. 또한 성장속도가 상당히 빠르거나 목표에 대한 주기적인 평가가 필요한 경우에도 활용할 수 있다.

2. 매력적인 사업계획서의 구조

사업계획서가 중요한 것은 계획 중인 사업의 청사진, 사업 성공을 위한 지침서, 창업 지원을 위한 기본 서류로써의 특징을 가지기 때문인데, 이를 반영하기 위해서는 아래 3가지의 핵심적인 질문에 답할 수 있어야 한다.

- 사업 기회가 실재하는가?
- 성공할 수 있는가?

• 투자할 가치가 있는가?

위 세 가지를 토대로 사업계획서는 다음과 같은 구조를 갖게 된다.

1) 사업계획서 개요

사업계획서의 가장 핵심적인 부분으로 1~2페이지 정도로 요약할 수 있어야 한다. 시장기회와 위협, 회사의 경쟁우위와 전략, 수익성에 대한 내용이 설득적이고 열정적으로 제시되어야 한다. 개요 부분은 전체 사업계획서가 완성된 후 마지막으로 작성하도록 하며, 처음 사업계획서를 접한 사람의 호기심을 유발하여 나머지 부분까지 읽도록 유도한다. 개요 부분만으로도 사업의 전반적인 사항에 대해 파악이 가능해야 하며, 특히 사업 강점 및 경쟁회사와의 차별화 전략을 부각하는 것이 좋다.

2) 회사 소개

창업의 경우 사업계획서 작성 시점에는 실제로 회사가 설립되지 않은 경우가 많아 구체적인 회사 소개를 하지 못할 수도 있는데, 그렇더라도 최소한 주요 창업 참여자들의 프로필을 제시해야 하며 사업계획과 일관되게 매력적으로 작성할 필요가 있다.

3) 시장 현황

시장 현황 부분에서는 우선 목표시장을 명확히 정의하고, 그 시장이 충분히 크며 추진하는 사업의 잠재적 수익이 얼마인지를 설명한다. 외형적 · 구조적 · 환경적 측면으로 구분하여 작성할 수 있다.

(1) 외형적 특성
시장 규모, 성장성, 수익성 등으로 시장기회를 분석한다.
(2) 구조적 특성
산업구조 분석, 경쟁 분석 등을 활용하여 본 사업이 제공하는 가치를 제시한다.
(3) 환경적 특성
거시환경 요인, 트렌드 등 성장성 및 수익성에 대한 영향력을 분석한다.

4) 경쟁우위와 전략

회사가 보유하는 차별적 우위를 명확히 설명하고 이를 근거로 한 전략을 제시하며 전략 목표를 달성하기 위한 세부 기능별 실행계획을 단계적으로 소개한다.

(1) 핵심역량
단순히 회사 및 제품의 강점이 이렇다는 것을 제시하는 것보다는 특허와 같은 독점적 기술이나 인적자원 등 근본적이고 차별적 역량을 보여 주는 것이 좋다.

(2) 사업 전략
도출된 핵심역량을 근거로 타당한 혁신 전략이나 경쟁 전략을 제시한다.

(3) 기능별 실행계획
사업 전략을 기반으로 구체적인 제품개발 계획, 마케팅 계획, 생산 계획 등 기능별 실행계획을 제시한다.

5) 재무 계획

상기의 내용에 근거하여 타당한 가정들을 설정하고 3년 이상의 추정실적을 작성하여 투자조건과 출구 전략을 제안한다.

(1) 추정 재무제표
환경 분석을 토대로 한 추정실적을 시나리오(base, best, worst) 별로 작성한다.

(2) 자금조달과 위험관리
자금조달에 계획 및 방법을 설명하고 기업환경, 사업 전략, 운영 및 관리, 재무계획 측면에서 위기가 발생할 경우 어떻게 대응할 것인가에 대한 방안을 제시한다.

(3) 출구 전략
주식 공개, 인수합병, 프랜차이즈화 등 투자자가 자본수익을 얻을 수 있는 방법을 제시한다.

3. 제대로 된 사업계획서의 작성

1) 사업계획서 작성 단계
사업계획서는 다음과 같은 단계를 거쳐 작성된다.

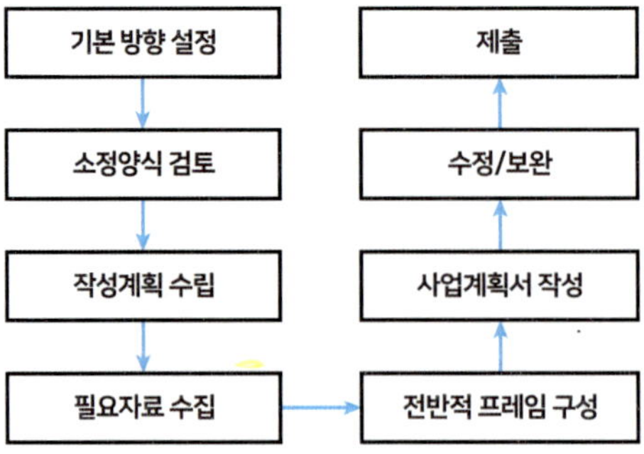

〈그림 7-1〉 사업계획서 작성 단계

(1) 기본 방향 설정

사업계획서의 작성 목적(사업 타당성 여부 검증, 창업계획 구체화, 자금조달, 공장 설립 및 인허가 등)에 따라 기본 목표 및 방향을 설정한다.

(2) 소정 양식 검토

사업계획서 제출을 요구하는 기관별로 소정의 양식 및 작성 기준이 있는지를 파악하여 반드시 그 양식에 따라 일정하게 작성해야 하며, 별도의 기준이 없는 경우 자유롭게 작성한다.

(3) 작성계획 수립

제출기한이 정해져 있는 경우 반드시 그 일정에 맞추어 계획을 수립해야 하며, 작성을 위한 역할분담을 하도록 한다.

(4) 필요자료 수집

사업계획서 작성을 위한 참고자료로는 회사 내부 자료(회사개요, 제품 및 기술 사항, 마케팅 계획, 재무정보, 운영활동 및 경영팀 관련 자료), 외부 자료(산업, 시장, 경쟁자 분석 자료), 기타 자료(사업계획서 작성지침 관련 책자 또는 자료, 잘 작성된 타사의 사업계획서 등)가 있다.

(5) 전반적 프레임 구성

사업계획서를 어떤 형태로 작성할 것인지, 포함할 내용은 무엇인지, 강조해야 할 것이 무엇인지를 고려하여 전반적인 논리적 흐름 및 구성을 결정한다.

(6) 사업계획서 작성

작성요령을 잘 숙지하도록 하고 수집한 자료를 기반으로 실제 사업계획서를 작성하되 사업의 방향성이 잘 드러나도록 하는 것이 중요하다.

(7) 수정 · 보완 및 제출

작성한 내용 및 방법에 대해 관련 전문가의 검증을 거치는 것이 좋으며, 사업계획서의 목적에 따라 편집 및 재구성 작업을 수행한다. 최종 편집단계에서는 구체적인 수치들이 정확히 입력되었는지 다시 한 번 확인하고, 오 · 탈자는 없는지를 특히 주의 깊게 살펴야 한다. 이 작업이 완료되면 최종 제출한다.

2) 사업계획서의 세부 내용

사업계획서의 세부 내용은 별도의 양식이 있을 경우 그에 따라 작성하게 되며, 소정의 양식을 요구하지 않을 경우 다음의 내용들이 포함되도록 작성할 것을 추천한다.

(1) 표지

사업계획서 용어, 회사명, 회사 로고, 작성일 혹은 제출일 등이 포함된다. 핵심 사업 내용, 독자적인 기술 특성, 비전 등이 함축적으로 표현될 수 있는 제목으로 작성한다. 한눈에 확인이 가능하고 관심을 끌만한 제목 작성이 중요하다고 해도 과언이 아니다. 여러 부를 작성하여 배포하는 경우 표지에 일련번호를 기입하여 복제를 방지하는 방법도 고려해 볼 수 있다.

(2) 총괄요약문

총괄요약문은 사업의 중요한 사항을 가장 간결한 형태로 정리한 요약사업계획으로 투자자에게 기업의 특징과 투자 매력을 압축하여 관심을 유도할 수 있도록 한다. 세부 사업계획서를 작성한 후 사업계획서의 독자와 용도를 고려하여 핵심 내용과 강조사항을 설정한다.

특별히 강조하여 기술할 내용은 사업 개념, 제품 및 서비스 개요, 목표시장 및 시장의 추이 변화, 본 사업이 성공할 수 있는 이유와 방법, 과거 재무자료 및 미래 추정치, 경영진의 주요 이력사항, 투자 요청 내용(필요한 경우 작성) 등이다.

(3) 목차

사업계획서에 포함된 모든 부분의 제목과 해당 쪽 번호를 함께 표시한다. 사업계획서 전체 내용의 논리적인 전개가 일목요연하게 파악될 수 있는 부분이므로 잘 정리되어야 하며, 사업계획서상에 관심 있는 부분이나 세부 항목을 쉽게 찾을 수 있도록 구성해야 한다. 목차를 대수롭지 않게 생각해 생략하거나 큰 제목만을 페이지 표시 없이 형식적으로 나열하는 잘못을 범하지 않도록 한다.

(4) 회사 개요

사업을 추진하는 조직에 대한 기본적인 정보를 제공하는 부분이며, 회사 혹은 창업자의 신뢰성과 관련된다.

① 소개: 대표자, 설립일, 자본금, 인원수, 사업장 소재지, 전화번호, 팩스, 담당자
② 연혁: 회사의 창업과 발전과정, 주요 성과
③ 미션: 한두 문장으로 비전, 사업 목적, 목표시장 등을 함축적으로 표현
④ 주요 사업, 인력 현황, 주주 현황 및 주식 이동 내역

(5) 사업 개념

사업 아이디어를 연관도, 흐름도 등으로 도식화하여 구체화하는데, 핵심 구성요소의 관련성, 부가가치 창출 흐름을 이해하기 쉽도록 표현한다.

(6) 제품/서비스 및 기술

제품/서비스에 대한 기초 정보를 제공하며 제품의 물리적 형태 및 특징, 기업이 제공하는 서비스의 흐름도를 표현한다. 또한 보유기술(경쟁기술 평가 및 특허권 등)에 대한 개요 및 구체적 내용을 설명하도록 한다. 사용자가 느끼는 효용 측면에서의 특징, 경쟁제품과의 차별성, 시장에서의 핵심 성

공요인을 작성하도록 한다.

그림이나 도표를 적절하게 활용하고, 경쟁사 대비 단점으로 인정되는 부분에 대한 해결방안을 제시하면 좋다. 기술적인 용어, 전문용어의 사용을 가급적 배제하고, 전문용어의 사용이 불가피한 경우 주요 용어를 설명한 용어집을 첨부하도록 한다.

(7) 산업 및 시장 분석

산업에 대한 분석은 산업 규모, 성장성, 수익성, 집중도, 진입장벽, 차별성 등의 특징을 파악하고, 시장 추세, 경쟁 강도, 예상 시장점유율 등을 작성한다. 또한 정치적 · 법적 규제에 따른 영향 정도, 지역적 분화 및 성숙 정도도 파악하도록 한다.

참고자료로는 해당 산업 전문지(산업별로 발간되는 전문잡지 및 신문 등), 협회 및 정부기관의 내부 자료실, 조사전문기관의 데이터베이스 등이 있다.

(8) 경쟁자 분석

기존 경쟁자 및 잠재 경쟁자에 대한 프로파일, 기존 경쟁자의 시장점유율 및 예측 추세, 경쟁사 대비 강 · 약점 비교 분석 등을 포함한다.

경쟁의 개념을 어떻게 볼 것인가도 중요한데, 동일하거나 유사한 제품 및 서비스뿐만 아니라 고객의 욕구 차원에서 경쟁의 범위를 파악할 필요도 있다.

(9) 마케팅 계획

사업수익을 어떻게 실현할 것인가에 대한 계획 및 방법을 작성한다.

① 전반적인 마케팅 전략
② 마케팅 목표의 설정: 시장점유율 확대, 수익 극대화, 기존 시장의 진입
③ 목표시장의 설정: 고객 형태 및 특성별로 세분화
④ 목표시장의 이해: 시장조사를 통한 수요자 특성 파악
⑤ 가격 설정: 가격 설정 전략, 가격 설정을 위한 정보
⑥ 유통 채널: 대안별 장 · 단점 비교를 통한 적절한 유통 채널의 선택
⑦ 판매 촉진 활동: 판매경로 및 방법, 판매원에 대한 동기부여 방안, 광고 및 홍보방안 등

(10) 제품개발 및 생산 계획

제품개발 현황 및 관련 업무를 작성한다. 개발 성과, 개발 일정 계획, 개발과정상의 잠재적 문제 및 해결방안, 기술공급원천 및 네트워킹 가능성, 개발인력 및 개발비용, 연구개발 성과 및 향후 연구개발 계획 등을 포함한다.

상용화 및 시장 출시를 위한 생산계획은 전반적인 생산 전략(내부 직접 생산 혹은 외주/제조공정/원부자재 조달계획), 공장입지, 설비 및 필요 기자재 투자계획, 아웃소싱 방안, 품질경영 방안, 재고관리 방안, 법적 규제 등이 포함된다.

(11) 경영진 구성 및 조직 운영 계획

경영조직, 단계별 충원계획, 소요 인원, 조직도 등을 작성하도록 하며, 핵심창업자들의 이력(최고경영자의 사업 관련 경험, 능력 및 자질, 경영진 및 기술진의 직급, 관련 경험, 성공경력, 학력, 보유기술 등)을 포함하고, 이사진 구성 및 외부 자문 및 지원인력도 포함하는 것이 좋다.

(12) 재무 및 자금 계획

재무 추정을 위한 주요 가정을 설명후, 3~5개년에 대한 추정 손익계산서, 추정 현금흐름표, 추정 대차대조표를 작성한다. 또한 과거 재무제표, 손익분기점 분석도 수행하도록 한다.

자금 조달의 경우, 전체 자금 규모, 투자요청 내역 및 투자조건, 투자된 자금의 활용계획 및 투자자에 대한 예상 수익을 작성한다.

재무 및 자금계획을 작성할 때에는 특히 주의해야 할 사항이 몇 가지 있는데, 근거가 되는 데이터는 객관적으로 검증이 가능하거나 논리적으로 설명이 가능한 것만을 사용하도록 한다. 또한 재무계획은 최상, 최악, 평균 기대치 등 다양한 시나리오를 감안하여 작성하도록 하며, 매출 추정과 소요자금 추정에 가장 많은 시간과 노력을 투입해야 한다. 회계사 등 전문가의 지원을 받는 것도 좋은 방법이다.

(13) 사업 추진 일정

향후 주요 활동 및 일정, 주요 활동별 일정표를 첨부한다. 구체적이고 합리적인 사업기간이 산출될 수 있도록 한다.

(14) 위험관리 및 특수 고려사항

계획대로 사업이 진행되는 것이 가장 바람직할 것이나 사업 주체의 의도대로 흘러가지는 않는다. 사업에 따른 위험성이 분명이 있으므로 예상되는 위험요인 및 대응방안, 경쟁강화에 따른 대응 전략, 개발완료 이전 경쟁제품의 등장 가능성 및 대응방안, 혁신적 기술에 의한 시장잠식 위협 및 대책, 대체재의 시장진입 가능성 및 대응방안, 유동성 위기관리 방안 등이 포함되도록 한다.

(15) 기타 첨부서류

사업계획서의 타당성과 신뢰성을 확보하는 방안으로 작성 내용을 증명하는 다양한 서류를 첨부하는 것이 좋다.

주요 경영자의 이력서, 본문에 소개된 내용의 참고자료 및 기타 인증서, 세부적인 분석 내용, 인건비 명세서, 감가상각비 명세서, 제품설명서, 특허권 사본, 제공 가능 담보물 내용, 설비구입 견적서 등이 있다.

3) 사업계획서 작성 시 유의사항

- 사업의 성공 가능성을 구체화하고 내부 역량을 강화
- 정직하게 사실을 기술하고 투자자의 입장에서 작성

- 사업계획서 용도 및 독자의 관심사항에 따라 강조점을 차별적으로 구성
- 간결하고 명확한 문장과 단어를 사용하고 오 · 탈자에 유의
- 첫 장에서 마지막 장까지 내용과 수치의 일관성을 유지
- 비논리적인 주장을 피하고 확실한 근거와 사실에 입각하여 작성
- 계획한 사업에 내재된 문제점과 리스크를 인식하고 대안을 제시
- 제품보다는 시장에 중점을 두고 작성
- 막연한 낙관론보다는 실현 가능한 계획을 제시
- 가급적 전문용어의 사용을 자제하고 기술적 사항도 이해하기 쉽게 표현
- 객관적인 통계자료에 기초하여 예측치의 설득력 증대
- 재무자료 작성 시 구체적이고 논리적인 산출근거를 명시
- 목차, 강조 표시, 문자 크기, 폰트 등을 활용하여 강조사항을 부각
- 외부 전문가의 자문을 통해 수정 및 보완

4) 설득할 수 있는 사업계획서 쓰기

(1) MECE의 원칙

MECE(mutually exclusive and collectively exhaustive)는 개별 항목이 중복되거나 내용이 누락되지 않으면서도 하나의 전체를 표현해야 한다는 의미이다. 사업계획서 전체 또는 특정 장에 관해서도 동일한 원칙이 적용되어야 한다.

(2) MECE의 활용

중복과 누락이 없다는 것은 단순하지만 비즈니스에 매우 효과적인 사고방식이며, 모든 사업문제에 있어 다음과 같은 질문에 대해 생각해보아야 한다.

① 중복되어 효율성이 떨어지지 않는가?

2명이 할 일을 3명이 하고 있거나, 2번만 검토해도 될 일을 4번이나 검토하고 있다면 비용이 상승하여 효율성이 떨어진다.

② 누락되어 효과성이 떨어지는 것은 아닌가?

아침 시간에 직장 부근의 카페에서 커피라는 단일 메뉴만 취급할 경우 매출이 낮을 가능성이 높다. 직장인들은 커피와 샌드위치를 같이 주문하여 아침 대용으로 삼는 비율이 80%에 달한다는 조사 결과를 참고해 볼 수 있다.

③ MECE로 파악한 이후에 우선순위를 결정하고 있는가?

MECE의 원칙에 상관없이 해결책 등을 제시한 후 우선순위를 정하고자 하면 의사결정의 질이 떨어질 수 있다.

(3) 로직트리

로직트리(logic tree)는 연역적으로는 문제의 원인을 심층적으로 분석하거나 해결책을 구체화할 때 또는 귀납적으로는 여러 가지 사실이나 정보로부터 상위 개념이나 원칙을 도출하기 위해 사용한다.

(4) 문제해결 프로세스

사업의 모든 활동은 원칙적으로 문제해결 활동이기 때문에 사업적 논리로 말한다는 것은 문제해결 프로세스를 이야기한다고 볼 수 있다. 또한 전략을 수립하거나 사업을 기획하는 문제는 결국은 문제해결 활동으로 정의할 수 있다.

4. 사업계획서의 평가

1) 피라미드 문서 구조화

피라미드 형태로 구조화된 로직트리와 문제해결 프로세스는 문장이나 단어 간의 관계를 설정하는 데 활용되지만 사업계획서의 세부 내용을 구성할 때도 효과적으로 활용될 수 있다.

우선 피라미드 구조를 활용하여 전체적인 문서구성을 설계한다. 사업 문서를 전개할 때는 항상 결론으로부터 출발해야 한다. 결론을 먼저 제시하면 상대방은 결론의 방향성을 염두에 두게 되고 이후 진행되는 내용들에 대해 보다 명확하게 일관성을 가지고 파악할 수 있다.

다음으로는 피라미드 구조로 도출된 결론으로부터 대제목, 중제목, 소제목 등을 전개하고 세부 단계의 목록을 작성한다.

원인과 결과 또는 프로세스와 같이 특정한 관계를 보여 주고 싶다면 다이어그램(diagram)을 적절하게 활용하고, 숫자와 같은 정량적 정보가 있다면 차트와 같은 시각적 자료로 활용할 수 있어 효과적이다.

2) 사업계획서의 평가 요소

사업계획서는 앞에서도 다루었듯이 사업 기회가 실재하는가, 성공할 수 있는가, 투자가치가 있는가에 대한 명확한 답변을 줄 수 있어야 한다. 다만, 답변의 내용이 상당히 충실함에도 불구하고 상대방으로부터 좋은 평가를 받지 못했다면 해당 사업계획서가 사업계획서로의 명확성, 신뢰성, 사업의 초점과 출구 전략을 제대로 전달하지 못했기 때문이다.

(1) 명확한 내용인가?

명확성이 부족한 사업계획서는 창업자 자신도 혼란스럽고, 세부 내용에 주의하지 못하고, 사업계획에 몰입이 떨어진다는 인상을 상대방에게 줄 수 있다. 나아가 이러한 인상은 실제 사업운영도 그럴 것이라고 부정적으로 예측하게 한다.

(2) 신뢰를 줄 수 있는가?

심지어 잘 작성된 사업계획서조차 신뢰성이 부족할 수 있는데, 신뢰성이 부족한 계획서는 작성자 스스로 사업을 잘 이해하지 못하고 사업 성공을 과신한다는 인상을 줄 수 있다. 신뢰성이 부족한 내용들은 다음과 같다.

① 경쟁자가 역량이 부족할 것이라는 가정
② 경쟁자가 존재하지 않는다는 가정
③ 비현실적 매출 추정(예: 첫해에 매출이 없다가 갑자기 다음해 치솟는 실적 추정)
④ 핵심적 정보의 생략(시장 현황 분석이 부족하거나 생략됨)
⑤ 경영진 또는 주요 임직원의 사업과 관련된 경험 부족

(3) 초점이 맞춰져 있는가?

사업의 자원은 제한되어 있는데, 상대적으로 너무 많은 제품과 서비스를 개발한다고 제시한 경우 발생한다. 열정이 과한 나머지 너무 많은 것을 하겠다는 것인데, 이 경우 투자자들은 사업이 기반을 잡기도 전에 회사의 자원이 소진될 것이라고 생각할 것이다.

(4) 출구 전략을 수립했는가?

주로 자본 투자자들의 관심 사항인데, 벤처캐피털은 통상 3년 내지 5년 이내에 그들의 투자를 회수하려고 한다. 따라서 투자 유치를 목적으로 사업계획서를 작성한다면 명확한 출구 전략이 포함되어야 한다.

〈 실습7-1 〉 창업사업화 지원사업 표준사업계획서(일반)

창업사업화 지원사업 사업계획서 작성 목차

항 목	세부항목
□ 일반 현황	- 대표자, 아이템명 등 일반현황 및 제품(서비스) 개요
□ 창업아이템 개요(요약)	- 창업아이템 소개, 차별성, 개발경과, 국내외 목표시장, 창업아이템 이미지 등을 요약하여 기재
1. 문제인식 (Problem)	**1-1. 창업아이템의 개발동기** - 창업아이템의 부재로 불편한 점, 국내 · 외 시장(사회 · 경제 · 기술)의 문제점을 혁신적으로 해결하기 위한 방안 등을 기재
	1-2 창업아이템의 목적(필요성) - 창업아이템의 구현하고자 하는 목적, 내 · 외 시장(사회 · 경제 · 기술)의 문제점을 혁신적으로 해결하기 위한 방안 등을 기재
2. 실현가능성 (Solution)	**2-1. 창업아이템의 사업화 전략** - 비즈니스 모델(BM), 제품(서비스) 구현정도, 제작 소요기간 및 제작방법(자체, 외주), 추진일정 등을 기재
	2-2. 창업아이템의 시장분석 및 경쟁력 확보방안 - 기능 · 효용 · 성분 · 디자인 · 스타일 등의 측면에서 현재 시장에서의 대체재(경쟁사) 대비 우위요소, 차별화 전략 등을 기재
3. 성장전략 (Scale-up)	**3-1. 자금소요 및 조달계획** - 자금의 필요성, 금액의 적정성 여부를 판단할 수 있도록 사업비 (정부지원금+대응자금(현금))의 사용계획 등을 기재
	3-2. 시장진입 및 성과창출 전략 - 내수시장 : 주 소비자층, 시장진출 전략, 그간 실적 등 - 해외시장 : 글로벌 진출 실적, 역량, 수출망 확보계획 등
	3-3 출구(EXIT) 목표 및 전략 - 투자유치 : 엔젤투자, VC(벤처캐피탈), 크라우드 펀딩 등의 투자처, 향후 투자유치 추진전략 및 방법 등 - 인수 · 합병 (M&A) : M&A를 통한 사업확장 또는 출구전략에 대한 중 · 장기 전략 - 기업공개(IPO) : 기업의 경쟁력 강화, 투자자금 회수 등을 위한 IPO 중 · 장기 전략 - 정부지원금 : R&D, 정책자금 등 정부지원금을 통한 자금 확보 전략
4. 팀 구성 (Team)	**4-1. 대표자 및 팀원의 보유역량** - 대표자 및 팀원(업무파트너 포함) 보유하고 있는 경험, 기술력, 노하우 등 기재
	4-2. 사회적 가치 실천계획 - 양질의 일자리 창출을 위한 중소기업 성과공유제, 비정규직의 정규직화, 근로시간 단축 등 사회적 가치 실천계획을 기재

창업사업화 지원사업 사업계획서

※ 본문 10page 내외로 작성(증빙서류 등은 제한 없음), '파란색 안내 문구'는 삭제하고 검정색 글씨로 작성하여 제출, 양식의 목차, 표는 변경 또는 삭제 불가(행추가는 가능, 해당사항이 없는 경우 공란으로 유지)하며, 필요시 사진(이미지) 또는 표 추가 가능

□ 일반현황 (* 사업별 특성에 따라 일반현황 작성항목은 변경 가능)

※ 개인사업자는 '개업연월일', 법인사업자는 '회사성립연월일'을 기재(최초 설립한 사업자 기준)

<table>
<tr><td colspan="3">창업아이템명</td><td colspan="6"></td></tr>
<tr><td colspan="3">신청자 성명</td><td></td><td colspan="2">생년월일</td><td>1900.00.00</td><td>성별</td><td>남 / 여</td></tr>
<tr><td colspan="3">직업</td><td>교수 / 연구원 / 일반인 / 대학생…</td><td colspan="2">창업유무</td><td colspan="3">예비창업자 / 기창업자(0년차)</td></tr>
<tr><td colspan="3">기업명</td><td>OOOO</td><td colspan="2">사업장 소재지</td><td colspan="3">OO도 OO시</td></tr>
<tr><td colspan="3">개업연월일
(회사성립연월일)</td><td>2000. 00. 00</td><td colspan="2">사업자구분</td><td colspan="3">예비창업자 / 예비창업팀 / 개인사업자 / 법인사업자 / 공동대표(개인, 법인)</td></tr>
<tr><td colspan="3">기술분야</td><td colspan="6">정보·통신, 기계·소재 (*온라인 신청서와 동일하게 작성)</td></tr>
<tr><td rowspan="5">사업비 구성계획 (백만원)</td><td colspan="2">정부지원금</td><td>OO백만원</td><td rowspan="5">주요성과 ('17년 기준)</td><td>고용(명)</td><td colspan="3">O명(대표자 제외)
※ 신청일 기준 현재 고용인원</td></tr>
<tr><td rowspan="2">대응자금</td><td>현금</td><td>OO백만원</td><td>매출 (백만원)</td><td colspan="3">OO백만원
※'17년 총 매출</td></tr>
<tr><td>현물</td><td>OO백만원</td><td>수출 (백만원)</td><td colspan="3">OO백만원
※'17년 총 수출
(수출실적 발생 당월 기준환율 기준)</td></tr>
<tr><td colspan="2" rowspan="2">합계</td><td rowspan="2">OO백만원</td><td rowspan="2">투자 (백만원)</td><td colspan="3" rowspan="2">OO백만원
※'17년 총 투자유치</td></tr>
<tr></tr>
</table>

팀 구성(신청자 제외)					
순번	직급	성명	담당업무	주요경력	비고
1	공동대표	OOO	S/W 개발 총괄	컴퓨터공학과 교수	공동대표
2	대리	OOO	해외 영업	미국 ??대 경영학 전공	팀원
…					
…					
…					
…					

□ 창업아이템 개요(요약)

<table>
<tr><td>창업아이템 소개</td><td colspan="2">※ 핵심기능, 소비자층, 사용처 등 주요 내용을 중심으로 간략히 기재</td></tr>
<tr><td>창업아이템의 차별성</td><td colspan="2">※ 창업아이템의 현재 개발단계를 기재
예) 아이디어, 시제품 제작 중, 프로토타입 개발 완료 등</td></tr>
<tr><td>국내외 목표 시장</td><td colspan="2">※ 국내 외 목표시장, 판매 전략 등을 간략히 기재</td></tr>
<tr><td rowspan="4">이미지</td><td>※ 아이템의 특징을 나타낼 수 있는
참고사진(이미지) 또는 설계도 삽입</td><td>※ 아이템의 특징을 나타낼 수 있는
참고사진(이미지) 또는 설계도 삽입</td></tr>
<tr><td>〈 사진(이미지) 또는 설계도 제목 〉</td><td>〈 사진(이미지) 또는 설계도 제목 〉</td></tr>
<tr><td>※ 아이템의 특징을 나타낼 수 있는
참고사진(이미지) 또는 설계도 삽입</td><td>※ 아이템의 특징을 나타낼 수 있는
참고사진(이미지) 또는 설계도 삽입</td></tr>
<tr><td>〈 사진(이미지) 또는 설계도 제목 〉</td><td>〈 사진(이미지) 또는 설계도 제목 〉</td></tr>
</table>

1. 문제인식(Problem)

1-1. 창업아이템의 개발동기

※ 국내 · 외 시장(사회 · 경제 · 기술)의 문제점을 혁신적으로 해결하기 위한 방안 등을 기재

○

-

-

○

-

-

1-2 창업아이템의 목적(필요성)

※ 창업아이템의 구현하고자 하는 목적, 국내 · 외 시장(사회 · 경제 · 기술)의 문제점을 혁신적으로 해결하기 위한 방안 등을 기재

○

-

-

○

-

-

2. 실현가능성(Solution)

2-1. 창업아이템의 사업화 전략

※ 비즈니스 모델(BM), 제품(서비스) 구현정도, 제작 소요기간 및 제작방법(자체, 외주), 추진일정 등을 기재

○

–

○

–

〈 사업 추진일정 〉

추진내용	추진기간	세부내용
제품보완, 신제품 출시		OO 기능 보완, 신제품 출시
홈페이지 제작		홍보용 홈페이지 제작
글로벌 진출		베트남 OO업체 계약체결
투자유치 등		VC, AC 등
…		

2-2. 창업아이템의 시장분석 및 경쟁력 확보방안

※ 기능 · 효용 · 성분 · 디자인 · 스타일 등의 측면에서 현재 시장에서의 대체재(경쟁사) 대비 우위요소, 차별화 전략 등을 기재

○

–

–

○

–

3. 성장전략 (Scale-up)

3-1. 자금소요 및 조달계획

※ 자금의 필요성, 금액의 적정성 여부를 판단할 수 있도록 사업비(정부지원금+대응자금(현금)+현물)의 사용 계획 등을 기재(신청사업의 운영지침 및 사업비관리기준에 근거하여 작성)

○

-

-

○

-

-

〈 정부지원금 집행계획(정부예산+대응자금(현금)) 〉

비 목	산출근거	금액(원)	
		정부지원금	대응자금(현금)
재료비	• DMD소켓 구입(00개×0000원)	3,448,000	
	• 전원IC류 구입(00개×000원)	7,652,000	
외주용역비	• 시금형제작 외주용역 (OOO제품 .... 플라스틱금형제작)		7,000,000
지급수수료	• 국내 OOO전시회 참가비 (부스임차, 집기류 임차 등 포함		
…			
…			
…			
…			
합 계			

3-2. 시장진입 및 성과창출 전략

3-2-1. 내수시장 확보 방안 (경쟁 및 판매가능성)

※ 내수시장을 중심으로 주 소비자층, 주 타겟시장, 진출시기, 시장진출 및 판매 전략, 그간 성과 등을 구체적으로 기재

○

-

○ 내수시장 진출 실적 ※관련실적이 없는 경우 '해당사항 없음'으로 기재

유통채널명	진출시기	판매 아이템	판매금액
롯데마트	2018.2.14.~2018.2.22.		00백만원
…			
…			

○ 내수시장 매출 예상

유통채널명	진출시기	판매 아이템	판매금액
롯데마트	2018.2.14.~2018.2.22.		00백만원
…			
…			

3-2-2. 해외시장 진출 방안 (경쟁 및 판매가능성)

※ 해외시장을 중심으로 주 소비자층, 주 타겟시장, 진출시기, 시장진출 및 판매 전략, 그간 성과 등을 구체적으로 기재

○

-

○

○ 글로벌 진출 실적 ※관련실적이 없는 경우 '해당사항 없음'으로 기재

수출국가수	수출액	수출품목수	수출품목명
00개국	000백만원	00개	000, 000, 000
…			
…			

○ 글로벌 진출 역량 ※관련실적이 없는 경우 '해당사항 없음'으로 기재

해외특허 건수 (출원 제외)	국제인증 건수	국제협약체결 건수 (외국 현지기업과 MOU, NDA 등)
0건	00건	00건
…		
…		

○ 수출분야 핵심인력 현황 : 00명

※ 수출인력이 없는 경우 '해당사항 없음'으로 기재
※ 수출분야 핵심인력 예시
- 임직원 중 수출 또는 무역관련 회사 경력자, 임직원 중 1년 이상 해외 근무 경험자, 임직원 중 해외학위(학사 이상) 보유자 등

성 명	직 급	주요 담당업무	경력 및 학력
000	과장	영어권 수출	00무역회사 경력 3년
…			베트남 현지 무역업체 2년 근무
…			
…			

○ 해외시장 매출 예상

유통채널명	진출시기	판매 아이템	판매금액
아마존	2019.2.14.~2019.2.22.		000백만원
…			
…			

3-3. 출구(EXIT) 목표 및 전략

3-3-1. 투자유치

※ 엔젤투자, VC(벤처캐피탈), 크라우드 펀딩 등의 투자처, 향후 투자유치 추진전략 및 방법 등 기재

o

–

o

–

3-3-2. 인수 · 합병(M&A)

※ M&A를 통한 사업확장 또는 출구전략에 대한 중 · 장기 전략을 기재

o

–

o

3-3-3. 기업공개(IPO)

※ 기업의 경쟁력 강화, 투자자금 회수 등을 위한 IPO 중 · 장기 전략을 기재

o

–

3-3-4. 정부지원금

※ R&D, 정책자금 등 정부지원금을 통한 자금 확보

o

–

4. 팀 구성(Team)

4-1. 대표자 및 팀원의 보유역량

○ 대표자 현황 및 역량

※ 창업아이템과 관련하여 대표자가 보유하고 있는 이력, 역량 등을 기재

–

○ 현재 재직인원 및 고용계획

※ 사업 추진에 따른 현재 재직인원 및 향후 고용계획을 기재

–

현재 재직인원 (대표자 제외)	명	추가 고용계획 (협약기간내)	명

○ 팀원현황 및 역량

※ 사업 추진에 따른 현재 고용인원 및 향후 고용계획을 기재
* 일자리 안정자금이란? : 최저임금 인상에 따른 소상공인 및 영세중소기업의 경영부담을 완화하고, 노동자의 고용불안을 해소하기 위하여 정부에서 근로자 보수를 지원(고용노동부, 근로복지공단)

순번	직급	성명	주요 담당업무	경력 및 학력 등	채용 연월	일자리 안정자금 수혜여부
1	과장	OOO	S/W 개발	컴퓨터공학과 교수	'16. 8	O / X
2	…		해외 영업(베트남, 인도네시아)	OO기업 해외영업 경력 8년	채용예정	
3	…		R&D	OO연구원 경력 10년		

○ 추가 인력 고용계획

순번	주요 담당업무	요구되는 경력 및 학력 등	채용시기
1	S/W 개발	IT분야 전공 학사 이상	'16. 8
2	해외 영업(베트남, 인도네시아)	글로벌 업무를 위해 영어회화가 능통한 자	
3	R&D	기계분야 전공 석사 이상	

○ 업무파트너(협력기업 등) 현황 및 역량

※ R&D, 정책자금 등 정부지원금을 통한 자금 확보

순번	파트너명	주요역량	주요 협력사항	비고
1	00전자		테스트 장비 지원	~'18.12
2	…			협력 예정
3	…			

4-2. 사회적 가치 실천계획

※ 양질의 일자리 창출을 위한 중소기업 성과공유제, 비정규직의 정규직화, 근로시간 단축 등 사회적 가치 실천계획을 기재

* 중소기업 성과공유제 개요 : 중소기업 근로자의 임금 또는 복지 수준 향상을 위해 사업주가 근로자간에 성과를 공유하는 제도(중소기업 인력지원 특별법 제27조의 2)

구분		내용
현금	경영성과급	기업 차원에서 이익 또는 이윤 등의 경영성과가 발생했을 때 해당 성과를 회사 종업원들과 공유하는 경영활동
	직무발명보상	종업원, 법인의 임원 또는 공무원이 개발한 직무발명을 기업이 승계 소유하도록 하고, 종업원 등에서 직무발명의 대가에 상응하는 정당한 보상을 해주는 제도
주식	우리사주	'우리 회사 주식 소유제도'의 줄임말로, 근로자가 자신이 근무하는 회사의 주식을 취득 보유할 수 있도록 하는 제도
	주식매수선택권(스톡옵션)	회사가 정관으로 정하는 바에 따라 임직원 등에게 미리 정해진 가격으로 신주를 인수하거나 회사의 주식을 매수할 수 있는 권리를 부여하는 것
공제 및 기금	내일채움공제	5년 이상 장기재직한 핵심인력에게 중소기업과 핵심인력의 공동적립금과 복리이자를 성과보상금 형태로 지급하는 제도
	과학기술인공제회	과학기술인에 대한 생활안정과 복리를 도모하기 위해서 설립된 공제기구
	사내근로복지기금	근로자의 복지를 위해 기업이 이익금을 출연해 조성한 기금

* 출처 : 중소기업 성과공유제 활성화 방안, 중소기업연구원, 2016

* 대중소기업 상생협력 촉진에 관한법률 제8조(상생협력 성과의 공평한 배분)의 성과공유제와는 다른 제도임

○

–

〈 중소기업 성과공유제 도입현황 및 계획 〉

제도명	도입 여부	주요내용	실적*
내일채움공제	완료('16.10)	정관 취업규칙 등 내부 규정과 주요내용을 발췌하여 기재	근로자 2인 적용
스톡옵션	완료('17.06)	'17.6월 제도도입 이후 기업 주주총회를 통해 스톡옵션 부여	총 0명, 000주(000원) 행사
사내근로복지기금	예정('17.06)	기금조성 및 기금법인 설립, 운용규정 마련	00백만원
…			

Chapter 08

성공창업의 지도를 그리다

-비즈니스 모델-

1. 비즈니스 모델의 정의와 구성요소
2. 비즈니스 모델의 유형
3. 비즈니스 모델 캔버스

Chapter 08 성공창업의 지도를 그리다

-비즈니스 모델-

1. 비즈니스 모델의 정의와 구성요소

1) 비즈니스 모델의 정의

"장사나 하지 뭐~" (X)

아이디어 → 제품, 서비스 (O)

하나의 아이디어가 실제 제품으로 나오기 위해서는 단순히 돈만 있으면 되는 게 아니라 수많은 중간과정과 시행착오가 필요하다.

예를들면, 제품을 어디서 제작할 것인가?, 어디서 팔 것인가?, 어떻게 내 제품을 알릴 것인가? 초기투자비용은 어떻게 감당할 것인가? 등의 복잡한 의사결정 단계를 거쳐야 한다.

비즈니스 모델이란 '제품이나 서비스를 기반으로 어떤 소비자에게 어떻게 제공하며 어떻게 수익을 창출할것인가? 하는 계획 또는 사업 아이디어' 로 정의한다. 또한 제품과 서비스, 사업에 관련된 정보의 흐름 등을 설명할 수 있는 하나의 방법이며, 이 방법에는 사업과 직 · 간접적으로 관련된 이해 당사자들의 역할과 잠재적 이익 가능성, 매출의 원천 등이 포함될 수 있다.

효과적인 비즈니스 모델이 개발되기 위해서는 좋은 줄거리, 이해관계의 조정과정, 이윤 발생의 동력이라는 세 가지 내용이 들어 있어야 한다.

(1) 독창성 있고 짜임새 있는 줄거리

사업 실행에 필요한 여러 가지 요소가 일관성 있게 논리적으로 적합하게 구성되어 있으며 다른 줄거리에 비해 독창성이 있을 경우 좋은 줄거리로 평가받는다. 그리고 지금 어떻게 할 것인가에 대한 계획뿐만 아니라 장기적인 계획도 포함되어야 한다.

〈표 8-1〉 사업계획 수립을 위한 요소

질문	답변 내용
누구에게 왜 가치를 제공해야 하는가?	• 기업이 봉사하려는 고객의 대상을 정하는 것
무엇을 제공해야 하는가?	• 가치 제안에 대한 것 • 팔려는 제품이 무엇인지, 고객에게 제공할 솔루션은 무엇인지 등
어떻게 그것을 만들 것인가?	• 기업의 역량에 관한 것 • 기업의 가치사슬을 어떻게 구축하고, 자신의 역량을 고객의 가치로 전환시키는 데 핵심적인 프로세스는 무엇인지 등
어떻게 돈을 벌 것인가?	• 수입, 비용, 이윤 구조에 관한 것 • 상품을 공급하는 데 드는 비용은 어느 정도이며, 어떻게 가치를 산출하고 가격을 설정할 것인지 등
어떻게 자신을 차별화하고 경쟁 기업에 우위를 유지할 것인가?	• 기업의 경쟁우위에 관한 것 • 고객이 가장 중요하게 생각하는 차별화 요소는 무엇이며, 고객이 차이를 경험하게 할 수 있는 방법은 무엇인지 등

(2) 이해관계의 조정과정

현실적이고 합리적인 비즈니스 모델이 되기 위해서는 현재 기업이 처한 상황에 대한 분석이 잘 이루어져야 할 뿐 아니라 사업 수행에 있어 서로 다른 이해관계가 조정되는 과정을 잘 살펴야 한다. 혼자서 사업을 수행할 수 없는 것인 만큼 일방적인 제안 및 계획보다는 장애가 극복되고 이해관계가 조정되어 가는 과정이 중요하다.

(3) 이윤 발생의 동력

비즈니스 모델이 돈을 벌기 위한 구조를 설명하는 것인 만큼 이윤을 발생시키는 원인이 무엇인지를 찾고 이러한 동력을 어떻게 구동할 것인가에 대한 분석이 있어야 한다.

2) 비즈니스 모델의 구성요소

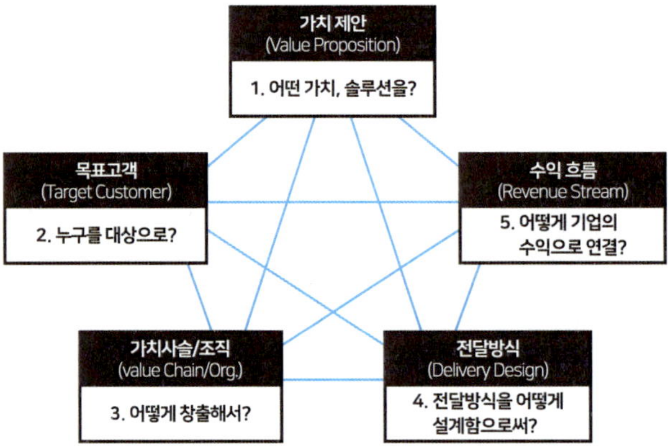

* 출처 : 강한수(2011), 성공적인 비즈니스 모델의 조건, 『SERI 경영노트』, 108호.

〈그림 8-1〉 비즈니스 모델의 구성요소

3) 성공적인 비즈니스 모델의 조건

성공적인 비즈니스 모델은 경쟁력과 지속성을 가지고 있어야 한다. 다른 사업과 비교했을 때 경쟁력을 가지는 요소로는 명확한 고객가치 제안과 수익 매커니즘이 있고, 사업 자체의 지속성을 유지시키는 요소로는 선순환 구조와 모방 불가능성이 있다.

다시 말해, 목표 고객을 대상으로 이들이 누릴 수 있는 명확한 가치를 제안함으로써 보다 많은 고객을 유인할 수 있으며, 유인된 고객을 수익과 연결시킬 수 있을 때 경쟁력 있는 비즈니스 모델이 만들어질 수 있다. 또한 가치 창출을 위한 사업의 여러 활동이 선순환 구조를 형성하고 경쟁자의 모방이 불가능하도록 설계된 모델이어야만 사업의 지속성을 확보할 수 있다.

2. 비즈니스 모델의 유형

비즈니스 모델은 어떤 측면을 중점으로 고려하느냐에 따라 매우 다양하다. 성공적인 수익 경영을 도모할 수 있는 구체적인 비즈니스 모델 유형을 정리하면 〈표 8-2〉와 같다.

〈표 8-2〉 비즈니스 모델의 유형

비즈니스 모델	핵심 내용
고객 솔루션 수익모델	고객이 진짜 원하는 것을 제공하라.
제품 피라미드 수익모델	완벽한 방화벽으로 수익을 지켜라.
다중 구성요소 수익모델	한 제품을 다양한 방식으로 팔아라.
스위치보드 수익모델	관련 사업의 임계점을 잡아라.
시간 수익모델	남보다 빨리 시간을 제어하라.
블록버스터 수익모델	거대한 하나의 프로젝트로 승부를 걸어라.
수익 배가 수익모델	하나의 자산으로부터 다양한 제품군을 만들어라.
기업가정신 수익모델	기업을 열정과 정열로 리드하라.
전문가 수익모델	완벽함으로 수익을 창출하라.
기준 설정 수익모델	적극적으로 판매의 주도권을 장악하라.
업계 표준 수익모델	미래를 계획할 수 있는 위치를 차지하라.
브랜드 수익모델	고객의 마음을 사로잡아라.
전문제품 수익모델	경쟁자보다 틈새시장을 깊게 파라.
지역 리더십 수익모델	점에서 면으로 리더십을 확대하라.
거래 규모 수익모델	커다란 수익을 가져올 큰 손을 찾아라.
가치사슬 포지션 수익모델	제어 장소를 선점하라.
사이클 수익모델	경기변동에 따른 차익거래를 노려라.
판매 후 수익모델	판매 이후 소비자의 잠재력까지 활용하라.
신제품 수익모델	차세대 제품개발로 시장을 지배하라.
상대적 시장점유 수익모델	언제나 경쟁에서 최강자가 되어라.
경험곡선 수익모델	누적된 경험으로 수익을 극대화하라.
저비용 비즈니스 디자인 수익모델	남보다 빨리 예측하고 움직여라.
디지털 수익모델	10배의 생산성을 낳는 비트와 수익을 이해하라.

3. 비즈니스 모델 캔버스

1) 캔버스 모델이란?

9 Block Business Model이라고도 불리는 비즈니스 모델 캔버스는 알렉산더 오스터왈더(A. Osterwalder) 박사와 예스 피그 누어(Y. Pigneur) 박사의 『비즈니스 모델의 탄생』(Business Model Generation)이라는 책에서 처음 소개된 개념으로 고객, 채널, 핵심 자원 등 9가지 항목을 하나씩 채워 나가면서 비즈니스 모델을 완성시키는 방법이다.

이미 IBM, 딜로이트와 같은 글로벌 기업뿐만 아니라 공공기관에서도 적극 활용하고 있는 검증받은 도구이며, 가장 활발히 이용되는 방법이다. 또한 비즈니스 모델 제너레이션(이하 BMG)은 그동안 연구원이나 전공자 등 일부 사람들만이 이해하여 활용하던 비즈니스 모델을 더욱 단순화시켰고 현장에서 활용이 가능하도록 표준적인 기준을 제공한 우수한 방법으로 평가받고 있다.

2) 캔버스 모델의 핵심 구조

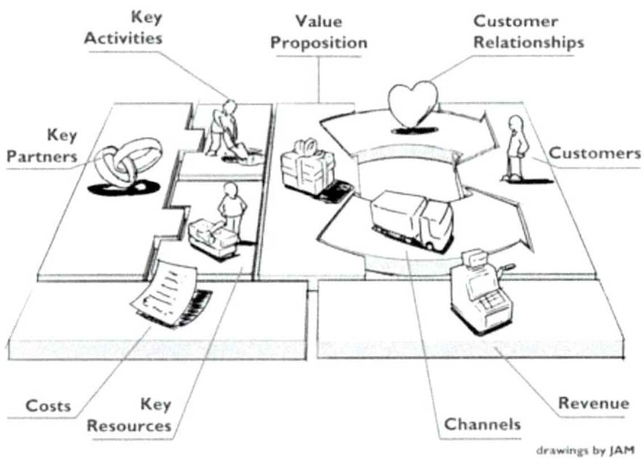

• 출처 : Alexander Osterwalder, 『비즈니스 모델의 탄생』, 타임비즈, 2011.
http://www.zebramc.com/wp-content/uploads/2012/02/bmcanvas-basic-model3.jpg

〈그림 8-2〉 캔버스 모델

9개의 블록으로 구성된 캔버스는 내용을 간단하게 작성하여 누구나 시각적으로 이해하기 쉬운 좋은 수단으로 평가된다. 개인이 활용할 수도 있고 기업 연수 및 교육 프로그램에서도 활용이 가능한 방법이다.

위 그림에서 나타난 각 블록에 대한 세부 내용 및 작성방법은 다음과 같다.

3) 캔버스 모델의 세부 내용

(1) 고객세분화

제품과 서비스를 누구에게 제공할 것인지, 어떤 고객이 우리의 진정한 고객인지를 파악하고 설정하는 부분이며, 목표 고객이 누구인가에 따라 사업 전략이 달라지기 때문에 특히 유의하여 작성해야 한다. 예를 들어 장애인을 대상으로 지팡이를 제작 · 판매할 경우 그 지팡이를 구매하는 사람이 시각장애인인가 다리가 불편한 장애인인가, 혹은 장애를 가진 당사자인가 그 주변 가족인가를 고민해야 한다. 이것은 마케팅에서 말하는 STP(Segmentation-Targeting-Positioning) 전략과 연계되는 중요한 부분이다.

(2) 가치 제안

가치 제안 부분은 사업 아이템의 차별성을 보여 주는 가장 중요한 부분이다. 가치란 고객에게 전달되는 제품이나 서비스를 의미하며, 눈에 보이는것들 뿐만 아니라 보이지 않는 것들에 대해서도 대가를 지불하고 구매하게 되는 어떤 것이라 할 수 있다. 경쟁사에 비해 보다 저렴한 가격 혹은 우수한 성능, 뛰어난 디자인 등이 그 예이다.

이러한 가치는 어디까지나 상대적 개념이라는 것을 염두에 두어야 한다. 가치의 정도는 대상에 따라 다를 수 있고, 동일한 대상이라도 처해 있는 상황, 시기 등에 따라 달라질 수 있기 때문이다.

창업의 시작은 누군가의 고통과 애로사항에 대한 문제를 발견하고 이를 해결해 주는 것에서 시작된다고 한다. 여기에서 '누군가'는 고객 세분화를 의미하며, '문제를 해결해주는 것'이 바로 가치를 의미한다.

고객 세분화와 가치 제안이라는 두 블록은 창업아이템이 무엇인지를 설명해 주는 부분이다. 비즈니스 모델 캔버스에서도 핵심 축이라고 불 수 있으며, 일반적으로 제일 먼저 채워 넣어야 하는 부분으로 추천되고 있다.

(3) 핵심 활동

사업이 가치를 제공하기 위한 활동은 무엇이 있으며 어떤 활동을 해야 하는가를 살펴보는 부분이다. 고객 세분화와 가치 제안 부분을 채워 봄으로써 창업아이템이 무엇인지 확인했다면 본격적인 실행에 옮기는 것이 중요한데, 본 핵심 활동 부분은 실행사항에 대한 구체적인 것을 도출하는 것이다.

생산업체라면 제품생산 및 설계가 핵심 활동이 될 것이고, 온라인 마케팅 컨설턴트라면 영업 및 마케팅, 컨설팅 등이 그 범주에 포함될 수 있다. 이렇게 자신이 해야 할 핵심 활동을 적어 가다 보면 자연스럽게 다음 단계에 확보해야 할 것들을 파악할 수 있다.

(4) 핵심 파트너

사업에서 제공하는 제품 및 서비스와 긴밀한 협력관계에 있는 공급자를 핵심 파트너라고 한다.

온라인 쇼핑몰의 경우 택배회사의 협력 정도에 따라 배송비가 달라지고, 이는 순이익에 영향을 주기 때문에 택배회사가 핵심 파트너라 할 수 있다. 생산, 유통, 판매와 관련된 이해관계자들로는 원자재, 제조, 생산, 배송, 유통판매 등이 존재하고, 마케팅 관련 부문에서는 소셜미디어, 세일즈 및 프로모션 등을 들 수 있으며, 업무 지원 관련 부문은 고객관리, 인사관리, 서버 및 네트워크를 예로 들 수 있다.

가격의 측면에서 핵심 파트너의 역할을 살펴보면 상당히 큰 영향을 주는 것을 확인할 수 있다. 기업에서 원가를 낮추는 데는 어떤 방법이 있을까? 인건비를 줄일 수도 있고, 보다 저렴한 재료를 구입해서 사용할 수도 있다. 그러나 품질에 영향을 줄 수 있는 요소를 건드리는 것은 장기적으로 그다지 좋은 방법이 아니다. 이럴 때에 전략적 파트너를 찾는 것이 가장 좋은 방법으로 고려된다. 예를 들면, A라는 제품을 만들기 위해 새롭게 공장을 세우고 설비를 구축하는 것이 아니라 제작 역량을 가진 공장을 찾아 제휴를 맺는 것으로 대신하는 것이다. 그렇게 되면 상당한 비용과 시간을 절감 할 수 있다. 따라서 각 분야마다 핵심파트너를 신중하게 선정하고 협력한다면 창업에 있어 에너지 분산을 막고, 효율을 올릴 수 있을 것이다.

(5) 비용구조

사업을 위해서 해야 할 일이 무엇이고, 필요한 것이 무엇인지 파악하게 되면 매월 어느 정도의 비용이 필요한지를 계산할 수 있다.

여기서 주의할 점은 원가 산정에 대한 개념문제인데, 서버 구매, 가구 구입 등과 같이 일회성 지출 비용이라도 투자비용 및 감가상각으로 생각하여 원가 구조에 포함시켜야 한다. 사업이라는 특성상 투자자금에 대해서는 회수를 해야 하기 때문이다. 예전에는 5년이었던 감가상각 기준이 시대의 빠른 변화 때문에 최근에는 3년으로 적용되는 추세이다.

비용 구조를 파악하고 나면 어느 정도의 마진을 둘 것인지, 적정 가격은 얼마인지를 설정할 수 있다. 예를 들어 한 개의 제품을 만드는 데 1만 원의 비용이 들었다면 최소 1만 원 이상의 가격을 책정해야 이익을 낼 수 있다. 그런데 여기서 고려해야 할 변수는 가격에 대한 고객들의 반응이다. 일반 가격대가 2만 원으로 구성되어 있는 상황에서 현 사업의 비용 구조상 3만 원은 받아야 수익이 나는 경우 고객을 통한 가격재검증이 필요하다. "3만원이라도 쓰겠다."는 사람이 많다면 상관없지만, "2만 원이 넘어가면 쓰지 않겠다. 너무 비싸다."라는 사람이 많다면 가격을 낮출 수 있는 방법을 연구해야 한다.

(6) 핵심자원

핵심자원은 사업을 구상하는데 있어 가치 제안과 유사한 내용으로 구성될 수 있는데, 고객이 느끼게 되는 가치보다는 자원 그 자체에 중점을 두고 생각하면 된다. 사업을 추진하는 데 있어 기업이 보유하고 활용할 수 있는 것들이 무엇인가를 살핀다. 예를 들어, 1926년 설립된 유한양행은 100여년에 가까운 역사가 브랜드 아이덴티티(brand identity)가 될 수도 있고, 스타벅스는 전 세계에 퍼져있는 매장, 홈플러스는 대형매장이라고 할 수 있다.

(7) 유통 채널

유통 채널은 온라인(홈페이지, 쇼핑몰 등), 오프라인(영업부서, 도매상, 직영매장, 파트너매장 등), 모바일 등 제품을 판매할 수 있는 모든 경로를 말한다. 다시 말해, 고객과 기업의 제품 및 서비스가 만나는 접점이다. 어떻게 제공해야 효율적으로 접근할 수 있고 비용을 아낄 수 있는지를 고민해야 한다.

채널을 많이 확보할수록 매출도 높아진다. 이런 채널은 독자적으로 구축할 수도 있고 파트너십을 통해 도움을 받을 수도 있다.

(8) 수익 흐름

기업에서 가장 중요한 것 중의 하나가 바로 자체 수익을 창출할 수 있는가의 여부이다. 비즈니스 모델의 지속 가능성과 유사한 부분이라 할 수 있는데, 확실한 수입원이 있는지 확인해 보아야 한다.(제품판매, 이용료, 수수료, 대여료, 가입비 등).

대부분 서비스와 앱에 대한 광고수익을 예상하고 있겠지만, 이는 부가적인 요소일 뿐 핵심 수익원으로의 역할은 미미하고 일시적이며 변동성이 강하다. 광고로 수익을 올리기 위해서는 서비스를 이용하는 사람이 상당히 많아야 하고 원활한 소통도 있어야하기 때문이다.

기본적으로 고객인터뷰 결과(솔루션 검증단계에서 제품이 출시되면 구매하겠다고 대답한 고객이 어느 정도인지 조사한 것), 목표시장의 규모, 유통 채널의 개수 등을 기반으로 앞으로의 매출과 이익 규모를 예측해 보아야 한다.

미래 수익을 예측하는 것은 매우 어려운 작업이지만 그럼에도 불구하고 3년 혹은 5년 단위의 목표와 손익계획을 작성해보는 것을 추천한다. 이러한 작업은 사업의 큰 그림을 이해하는 데 도움이 될 뿐만 아니라 사업 추진과정을 통해서 목표달성에 대한 점검도 가능하기 때문이다.

(9) 고객관계

앞으로 고객을 어떻게 대하고 관리할 것인가에 대한 고민을 하고 세부 내용을 작성하는 블록이다. 경영학에서 사용하는 전문용어로는 '고객관계관리'(Customer Relationship Management: CRM)로 표현하는 데, 사업을 시작하기 전에 이를 계획 하는 것은 매우 어려운 작업이다. 제품 출시 후 고객들의 반응을 살펴보고, 직접 피드백을 받아야 보다 실질적이고 정확한 방향을 유추할 수 있기 때문이다. 사업은 지속 가능성이 있어야 하기 때문에 제품을 계속 사용하게 하는 마케팅 요소로 파악하는 것이 좋다. 다만 그렇다 하더라도 앞으로 고객관계를 어떻게 가져가겠다는 기본적인 계획은 미리 구성하고 있어야 한다.

최근 빅데이터 시대를 맞이하면서 고객 분석 및 관리도 새로운 전환점을 맞고 있는데, 이와 관련해서도 미리 구상을 해두면 좋다. 특히, 고객데이터는 기업의 중요한 자산이 될 것이며 어떻게 고객데이터를 모을 것인지, 그리고 그것을 기반으로 고객에게 어떤 가치를 제공할 것인지 생각해둔다면 향후 기업 경영에 큰 도움이 될 것이다.

〈표 8-3〉 캔버스 모델의 주요 내용

블 록	주요 내용
① 핵심 파트너(key partners)	비즈니스 모델이 작동되기 위해 필요한 공급자-파트너 네트워크
② 핵심 활동(key activities)	비즈니스를 영위하기 위해 꼭 필요한 활동들
③ 가치 제안(value proposition)	고객의 문제를 해결하고 욕구를 충족시켜 주기 위해 제공하는 특정한 가치
④ 고객관계(customer relationship)	고객관계가 성립되고 유지되는 방법 또는 절차
⑤ 고객세분시장(customer segments)	상품이나 서비스를 제공받는 고객 계층
⑥ 핵심 자원(key resources)	비즈니스를 운영하기 위해 필요한 중요 자산 또는 자원
⑦ 유통 채널(channels)	가치 제안을 위해 고객과 소통하고 상품이나 서비스를 전달하는 경로 또는 방법
⑧ 비용 구조(cost structure)	비즈니스 운영에 발생되는 모든 비용
⑨ 수익 흐름(revenue stream)	가치 제안에 대한 경제적인이익을 지불받는 방식

캔버스 모델의 9개 블록을 작성하다 보면 단계를 거듭할수록 전에는 생각하지 못했던 더 좋은 아이디어가 떠오를 수 있다. 그럴 때는 다시 전 단계로 돌아가 새로운 아이디어를 추가하고, 이전에 했던 결정을 수정할 수도 있다. 따라서 작성 순서는 상황에 따라 변할수도 있다는 생각을 가지면 좋다.

실습 8-1 캔버스 모델 (9 Block Business Model)

<table>
<tr><td rowspan="2">Key
Partners</td><td>Key
Activities</td><td rowspan="2">Value
Proposition</td><td>Customer
Relationships</td><td rowspan="2">Customer
Segments</td></tr>
<tr><td>Key
Resources</td><td>Channels</td></tr>
<tr><td colspan="2">Cost
Structure</td><td colspan="3">Revenue
Streams</td></tr>
</table>

4차 산업혁명시대

스타트업 창업실무와 경영전략

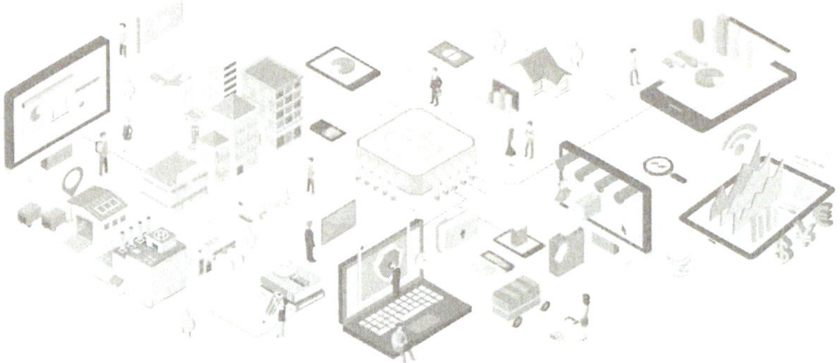

Chapter 09

창업 마케팅

1. 마케팅의 개념
2. 마케팅 실행을 위한 마케팅믹스(marketing mix) 전략
3. 4차 산업혁명! 어떻게 팔아야 할 것인가?

Chapter 09 창업 마케팅

1. 마케팅의 개념

마케팅은 개인과 조직의 목표를 만족시키는 거래를 일으키기 위해 제품, 서비스, 아이디어 등을 개발하고 가격, 촉진, 유통에 대한 계획을 수립하며 이를 실행하는 일련의 활동을 포함한다.

과거에는 '품질우선'이라고 생각했으나 이제는 디자인도 예뻐야 하고, 상품에 담긴 스토리도 필요하고, 입소문도 중요하다. 따라서 상품을 판매자 관점이 아닌 소비자 관점에서 바라볼 수 있어야 하며 가격은 소비자가 지불하고자하는 범위 내에서 적절히 책정되어야 하며, 상품의 특징과 유용성 등에 대한 정보가 소비자에게 제공되어야 한다.

읽어보기

마케팅의 중요성! 바나나 리퍼블릭, 마케팅으로 브랜드를 탄생시키다.

바나나 리퍼블릭(Banana Republic)이 거둔 성공의 중심에는 마케팅이 있다. 다국적기업으로 성장한 바나나 리퍼블릭은 파리와 여행을 테마로 한 의류 회사로 1978년 멜 지글러(Mel Ziegler)과 패트리샤 지글러(Patricia Ziegler)에 의해서 설립되었다. 멜과 패트리샤는 특별한 의미가 담긴 디자인을 찾는 고객을 위해 독특하면서도 이국적인 고급 의류를 생산하고자 하였다. 그들은 브랜드의 가치 창출과 이를 통한 고객 만족을 얻기 위해 먼저 적절한 표적 시장을 찾는 데 노력을 아끼지 않았다.

처음에는 자신들이 직접 디자인한 셔츠를 벼룩시장에 판매하기 시작했다. 그러나 결과는 성공적이지 않았다. 판매가 부진하자 그들은 전략을 변경했다. 셔츠의 가격을 올리고, 스페인 낙하산 부대원의 짧은 소매 셔츠(Short-Armed Spanish Paratrooper shirts)라는 이름을 붙인 것이다. 전략은 성공적이었고, 이를 통해 멜과 패트리샤는 평범한 제품보다는 시각적인 이야기를 담은 제품에서 고객이 더 큰 매력을 느낀다는 사실을 깨달았다. 이러한 고객 지향적인 마케팅은 적절한 세분 시장 공략을 통해 브랜드의 수익 창출로 연결되었다. 멜과 패트리샤는 의류의 배경이 되는 이야기를 보여주기 위해 정글과 사파리 풍경을 카탈로그에 담아냈다.

바나나 리퍼블릭은 브랜드 정체성을 표현할 수 있는 테마와 요소를 사용하여 매장을 장식 하였고, 이는 판매 증가로 연결되었다. 갭(Gap)에게 인수된 후 바나나 리퍼블릭은 제품에 또 다른 변화를 주었다. 오늘날 바나나 리퍼블릭은 처음에 출시되었던 바나나 리퍼블릭과는 다소 차이가 있으나 제품을 차별화하고, 고유의 브랜드 이미지를 만들어가기 위해 그들만의 "이야기"를 담아내고 있다는 점에서 그 맥을 이어가고 있다. 예를 들어, 바나나 리퍼블릭은 1960년대를 배경으로하는 미국의 유명 드라마인 매드맨(Mad Men)과 협업하여 빈티지(vintage) 시대의 클래식한 디자인을 적용한 콜렉션을 개발하였다. 이는 창의적 발상을 이용하여 소비자를 매장으로 끌어들이고자 한 기업의 노력을 보여주는 좋은 예라 할 수 있다.

2. 마케팅 실행을 위한 마케팅믹스 전략

기업은 시장과 고객의 욕구를 보다 충실하게 반영하고 보유한 자원을 효율적으로 사용하기 위해 시장을 세분화하고 표적시장을 선정한다. 또한 선정된 목표시장 내에서 경쟁자와의 차별화를 염두에 둔 포지셔닝 전략을 수행하기도 한다. 그렇다면 선정된 표적시장에 어떤 제품을, 어느 정도의 가격으로, 어떤 방법을 통해 제공할 것인가?

의도한 차별적 위치를 실제 소비자들의 마음속에 어떤 방법을 통해 인식시킬 것인가? 기업은 이처럼 구체적인 질문에 대한 답, 즉 목표로 삼은 시장에 접근하기 위한 구체적인 마케팅 프로그램을 설계하여 실행해야 한다. 이러한 마케팅 프로그램을 마케팅믹스라 한다.

1) 마케팅믹스의 개념

일반적으로 마케팅믹스(marketing mix)란 '기업이 목표시장에서 마케팅 목표를 달성하기 위하여 사용하는 통제 가능한 마케팅 수단들의 집합'으로 정의된다. 마케팅믹스는 기업이 제품의 매출이나 수요, 고객의 반응과 태도에 영향을 주기 위해 활용할 수 있는 모든 수단으로 구성되어 있으며, **제품(product), 가격(price), 촉진(promotion), 유통(place, 혹은 distribution) 네 가지의 변수로 구분되어 4P's**로 불려지고 있다.

기업의 입장에서 본다면 마케팅 믹스는 선택적으로 통제가 가능한(controllable) 관리변수이며 마케팅 목표달성을 위한 구체적인 정책수단이 된다. 제품의 기능이나 디자인, 제품구색의 다양성 정도, 가격수준, 광고의 주제와 구체적인 메시지, 광고모델, 판촉 프로그램, 유통경로의 결정 등은 기업이 나름대로의 판단에 따라 내릴 수 있는 결정사항인 것이다.

이에 비해 외부여건, 혹은 환경은 기업의 마케팅 성과에 영향을 미치되 기업이 통제할 수 없는(uncontrollable) 상황이다. 예를 들어 소득수준 향상에 따른 건강에 대한 관심증가는 관련 제품이나 서비스의 수요증가로 이어져 관련 기업의 성과에 긍정적인 영향을 미칠 것이다. 또 전반적인 불경기에는 기업의 노력에 관계없이 시장에서의 성과가 좋지 않은 것이 일반적이나 라면과 같은 저가격의 생활필수품은 오히려 이러한 불경기에 매출이 늘 수도 있다.

뿐만 아니라 원화환율의 급격한 상승(원화 가치의 하락)은 기업의 마케팅 노력 이상으로 외국 관광객의 유입을 증가시키고, 관련 업계의 매출을 늘려주기도 한다. 반면에 원화환율의 하락(원화가치의 상승)은 한국 수출기업의 수출가격 경쟁력을 악화시켜 수출시장에서 어려움을 겪게 할 뿐 아니라 관련 업계(예: 부품 납품업체)에도 부정적 영향을 미칠 수 있다. 이런 점에서 볼 때 마케팅 경영자의 과제는 마케팅 목표를 효과적으로 달성하기 위해 끊임없이 변화하며 통제가 불가능한 마케팅 환경에 적절히 대응하는 최적의 마케팅믹스 조합을 찾아내어 실행하는 것이라고 할 수 있다. 물론 경우에 따라서는 기업에 유리하도록 외부환경의 변화를 유도하거나 이끌어 가려는 노력을 하기도 한다.

▲ 마케팅환경과 마케팅믹스

2) 마케팅믹스의 구성요소

마케팅믹스는 기업의 구체적인 마케팅 정책의 도구가 되는 것으로서 크게 제품관련 변수, 가격관련 변수, 촉진관련 변수, 그리고 유통관련 변수 등 네 가지 부류로 구분한다. 이들에 대해 간략히 설명하면 다음과 같다.

(1) 제품관련 변수

마케팅믹스로써의 제품(product)은 단지 유형의 형태를 갖춘 제품 자체만을 의미하는 것이 아니라 제품의 구매 및 사용과 관련된 각종 서비스나 무형의 이미지 등을 모두 포함한다. 제품관련 변수들을 구체적으로 열거해 보면 품질, 특징, 디자인, 기능, 포장, 용량, 상표, 보증, 반품, 서비스, 제품구색 등 기업이 제품과 관련하여 내려야 할 다양한 결정변수들을 포함하고 있다.

또한 사람에게 수명이 있는 것과 마찬가지로 제품에도 수명이 있다. 이를 마케팅에서는 '제품수명주기(Product Life Cycle: PLC)' 라고 한다. 제품수명주기는 시장개척과 시장수용에 따라 도입기, 성장기, 성숙기, 쇠퇴기로 구분할 수 있다.

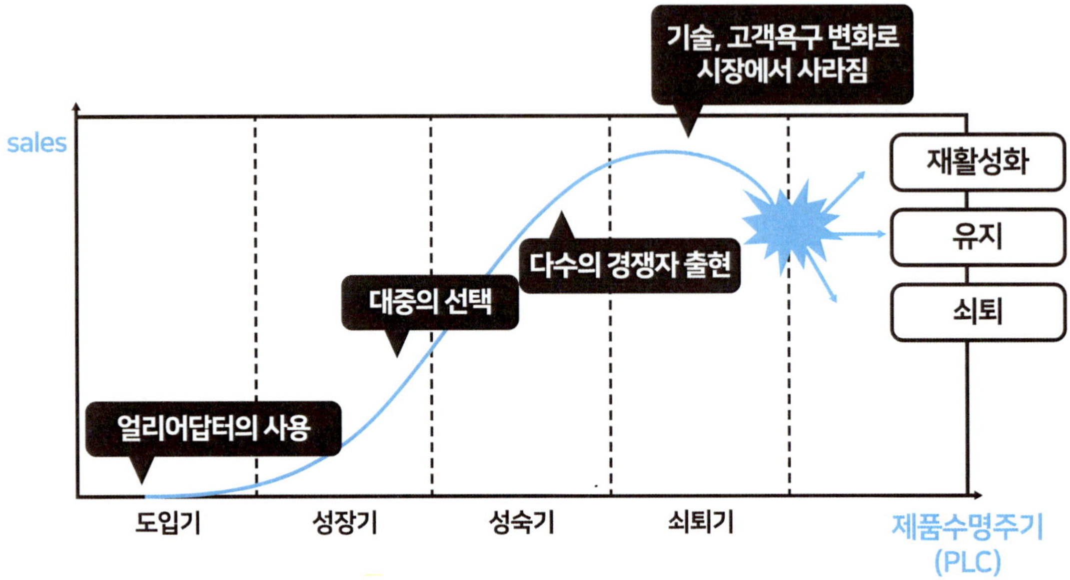

특성	도입기	성장기	성숙기	쇠퇴기
매출	낮음	급속 성장	최대 매출	매출 감소
고객당 비용	높음	평균	낮음	낮음
이익	적자	증대	최대	감소
고객	혁신 소비자	조기 수용자	중간 다수자	최후 수용자
경쟁자	소수	점차 증대	안정적 점차 감소	더욱 감소
마케팅 목표	제품인지도 향상과 사용증대	시장점유율 극대화	시장점유율 방어와 이익극대화	비용의 절감 투자액 회수

〈표 9-1〉 제품수명주기에 따른 특성

제품수명주기에 따른 마케팅 전략은 〈표 9-2〉과 같다.

마케팅 전략	도입기	성장기	성숙기	쇠퇴기
제품	기본 제품 제공	제품과 서비스 확대, 제품품질 보증	상표, 모델의 다양화	기여도 낮은 제품 철수
가격	높음(원가가산가격)	시장침투가격	경쟁대응가격	가격 인하
유통	선택적 유통 전략	집중적 유통 전략	유통망 방어 집중적 유통 전략 강화	이익이 적은 유통경로를 폐쇄하는 선택적 유통경로 전략
광고	조기 구매자와 유통업자들을 대상으로 제품인지 확대	매스마켓에서의 관심 및 인지도 증대	상표 간 차이 및 제품 편익 강조	필요한 최저 수준으로 조정, 핵심 충성 고객들을 대상으로 함 최소한의 광고
판매 촉진	사용을 유도하기 위한 판매 촉진	판매 촉진 감소	경쟁제품으로부터 고객을 빼앗기 위한 판매촉진	최저로 감소

〈표 9-2〉 제품수명주기와 마케팅 전략

(2) 가격관련 변수

가격(price) 관련 결정은 크게 가격수준의 결정(가격설정)과 가격의 조절, 가격의 변경 등으로 나뉜다. 가격의 결정이란 기업의 마케팅 목표, 원가, 수요상태, 경쟁기업의 가격 전략 등을 고려하여 해당 제품이나 서비스의 가격수준을 정하는 것이며, 가격의 조절과 변경이란 결정된 기본가격을 상황의 변화나 소비자들의 특성에 맞추어 변화시키는 것을 말한다. 가격조절은 할인, 공제, 세분시장별 차별가격, 촉진을 위한 단기적 가격인하 등으로 이루어진다. 또한 가격의 변경이란 전반적인 가격수준의 인상이나 인하를 말하는 것으로서 원가나 수요의 변화, 가격경쟁 등이 가격변경의 주요 원인이다.

(3) 촉진관련 변수

촉진(promotion)이란 기업이나 제품·서비스에 대해 호의적 반응을 갖게 하거나 제품·서비스를 구매하도록 표적시장을 대상으로 행해지는 커뮤니케이션 활동을 말한다. 일반적으로 광고, 인적판매, 판매촉진, 홍보 등 크게 네 가지의 촉진수단으로 구분되며, 광고의 경우 광고매체, 메시지 주제 및 구체적 표현양식, 대행사, 메시지 전달자(예를 들어 광고모델) 등이 구체적으로 결정해야 할 사항들이다.

(4) 유통관련 변수

유통(place)이란 제품이나 서비스를 생산자로부터 최종 소비자에게 이동시키는 과정과 그 과정에서 일어나는 기업활동을 말하며, 유통경로(distribution channel)란 그러한 과정의 경로, 혹은 그 과정에 참여하는 기업 및 개인의 집합이라 정의할 수 있다. 생산자 입장에서 유통과 관련하여 내려야 할 주요 결정사항으로는 유통경로의 길이(혹은 유통단계의 수), 유통범위, 수직적 통합(혹은 계열화) 여부 및 정도, 유통업자의 선택과 관리문제, 물적 유통(운송, 보관 등) 문제 등이다.

구 분	제 품	가 격	촉 진	유 통
구성 요소	상 표 품질, 기능 특징, 디자인 포장, 용량 보증, 반품 서비스 제품구색	가격결정 : 할인, 공제 차별적 가격 : 인상, 인하 할부조건 신용조건	광고 메시지 매체전달자 대행사 인적판매 판매촉진 홍 보	경로의 길이 범 위 계열화 정도 유통업자 선정 운송, 보관

▲ 마케팅믹스(4P's)의 구성요소

3. 4차 산업혁명! 어떻게 팔아야 할 것인가?

AI is the new electricity. Just as 100years ago electricity transformed industry of the industry, AI will now do the same.

– Andrew Ng –

1) 제4차 산업혁명의 도래

기원전 3500년 전 고대 사람들이 무거운 물건을 쉽게 옮기기 위해 나무 조각 3개를 엮은 '바퀴'를 만들지 않았다면, 지금의 자동차는 존재하지 않았을지도 모른다.

벨(Alexander Graham Bell)이 최초의 실용적인 전화기를 발명하지 않았다면 오늘날의 스마트폰은 존재하지 않고 여전히 파발마나 횃불을 통해 장거리 의사소통을 했을지도 모른다.

이렇게 인류 역사 변화의 중심에는 새로운 기술의 등장과 기술적 혁신이 자리하고 있었고, 새로운 기술의 등장은 단순히 기술적 변화에 그치지 않고 전 세계의 사회 및 경제구조에 큰 변화를 일으켰다. 기술적 혁신과 이로 인해 일어난 사회 · 경제적 큰 변화가 나타난 시기를 우리는 '산업혁명'이라고 부르고 있다.

인류 역사적 관점에서 보자면 현재 사회의 산업혁명과 같은 과학기술적 사건(events)은 매우 최근에 발생하였다. 최초의 인류인 '호모 사피엔스'가 등장한 시기가 20만 년 전에서 7, 8만 년 전이고, 농경 중심의 사회에서 현대 사회로의 첫 번째 전환점이라고 할 수 있는 제1차 산업혁명이 약 200여 년 전에 발생했다는 점은 우리 사회가 매우 짧은 시간동안 발전하고 변화하였다는 것을 보여준다. 또한 현대사회로 진입할수록 새로운 기술과 기술적 혁신이 나타나는 주기가 극단적으로 빨라졌으며, 기술의 파급속도도 급격하게 빨라지고 있다.

1876년 벨(Bell)이 발명한 유선 전화기의 보급률이 10%에서 90%로 도달하는데 걸린 기간이 73년이었으나, 1990년대에 상용화된 인터넷이 확산되는데 걸린 시간은 20년에 불과했고, 휴대전화가 대중화되는 기간이 14년이라는 점은 기술발전의 속도와 더불어 기술의 파급력이 급진적으로 빠르다는 점을 보여주고 있다. 즉 새로운 기술이 등장하고 기술적 혁신이 나타나는 주기가 점차 짧아지며, 그 영향력은 더욱 커지고 있다는 것이다. 이는 현재 우리가 스마트폰이 없는 일상생활을 상상하면 쉽게 이해할 수 있을 것이다.

우리 사회는 지금까지 2차례의 산업혁명으로 인한 변화를 경험하였고, 우리는 현재 제3차 산업혁명 시대를 살고 있다고 한다. 1차 산업혁명은 '기계 혁명'이라고도 불리며 18세기 중반 증기기관의 등장으로 가내수공업 중심의 생산체제가 공장생산체제로 변화된 시기를 말한다. 제2차 산업혁명에서는 전기동력의 등장으로 '에너지 혁명'이라고도 불리며 대량생산체제가 가능해졌다. 그리고 우리는 컴퓨터 및 정보통신기술(ICT)의 발전으로 인한 '디지털 혁명'이라는 제3차 산업혁명의 시대를 지내고 있으며, 이로 인해 정보화 · 자동화 체제가 구축되었다.

이들 산업혁명은 역사적 관점에서 보면 아주 짧은 기간 동안 발생했으나, 그 영향력은 개인 일상생활에서부터 전 세계의 기술, 산업, 경제 및 사회 구조를 뒤바꾸어 놓을 만큼 거대하였다. 그리고 새로운 기술의 등장과 기술적 혁신은 계속 진행 중에 있으며 또 다른 산업혁명을 야기하고 있다

2016년 1월, 다보스 포럼(WEF; World Economic Forum)에서는 제4차 산업혁명이라는 화두가 세상에 던져졌다.

WEF는 『The Future of Jobs』 보고서를 통해 제4차 산업혁명이 근 미래에 도래할 것이고, 이로 인해 일자리 지형 변화라는 사회 구조적 변화가 나타날 것이라고 전망하고 있다. 또한 제4차 산업혁명을 '디지털 혁명(제3차 산업혁명)에 기반을 두어 물리적 공간, 디지털적 공간 및 생물학적 공간의 경계가 희석되는 기술융합의 시대'라고 정의하면서, 사이버물리 시스템(CPS; Cyber-Physical System)을 바탕으로 한 제4차 산업혁명은 전 세계의 산업구조 및 시장경제 모델에 커다란 영향을 미칠 것으로 예상하고 있다.

우리가 인지하고 있지 못하는 사이에 제3차 산업혁명 시대를 살고 있는 것과 같이, 제4차 산업혁명 또한 알지 못하는 사이에 우리를 둘러쌀 것이다.

10여 년 전 지하철에서 쉽게 볼 수 있었던 '신문 접어서 보기'라는 에티켓은 '휴대전화를 진동모드로 하고 조용히 통화하기'로 바뀔 만큼 제3차 산업혁명의 주요기술인 컴퓨터와 정보통신기술(ICT)은 이미 우리 일상생활 속에 녹아들어있다.

지금까지 새로운 기술의 등장과 기술적 혁신에 따른 사회적 변화는 생활 편의성, 생산성 향상 및 새로운 일자리 창출 등의 긍정적인변화가 주를 이루었다.

그러나 제4차 산업혁명에서는 생산성 향상이라는 긍정적인 측면과 더불어 일자리 감소라는 부정적 변화가 급격하게 나타날 것으로 전망되고 있다.

이에 WEF의 보고서를 기점으로 수많은 미래학자와 연구기관들은 제4차 산업혁명과 미래사회 변화에 대한 전망들을 논의하기 시작했고, 독일, 미국, 일본 등의 주요 국가들은 미래변화에 선제적으로 대응하

고 미래사회를 주도하기 위해 정부차원에서 다양한 전략과 정책을 수립하여 추진하고 있다.

따라서 창업 아이템 선정뿐만 아니라 만들어진 내 제품을 시장에 알리는 마케팅도 제4차 산업혁명의 도래에 따라 기존 마케팅 방식과 다른 전략을 고민해 보아야 할 시점이다.

2) 4P → 4C → 4E 시대로

인간이 알파고(AlphaGo는 Google Deep Mind가 개발한 인공지능(AI, Artificial Intelligence) 바둑 프로그램)를 이길 수 있는 방법은 무엇일까?

인간이 인공지능 시대에 맞서 우리는 어떤 능력을 개발해야 할까?

기계가 하지 못하는 일은 무엇일까?

산업혁명을 겪고 제조업에서 서비스 경제로 이동한 것처럼, 현재는 경험이라는 분야로 이동이 일어나고 있다.

지금까지 마케팅에서 고객으로 하여금 제품 및 서비스의 질을 판단하여 가장 큰 이익을 얻을 수 있도록 하는 의사결정을 했다면, 제품과 서비스가 점차 상향평준화되어감에 따라 가격, 기술, 품질, 서비스 영역을 넘어 새로운 차별적인 요소를 만들어 내지 못하고 창의성이 없으면 생존할 수 없는 시대가 되었다.

부가가치의 원천이 대량생산/판매 보다는 소비자 중심의 시대로! '양보다 질'에서 '질보다 감성', 4P → 4C → 4E 시대로 진화하고 있는 것이다.

전통 산업사회(4P)	소비자 정보사회(4C)	경험경제사회(4E)
• Product(제품) • Price(가격) • Place(유통) • Promotion(촉진)	• Customer Benefits(소비자 혜택) • Cost to Customer(소비자 기회비용) • Convenience(편리성) • Communication(커뮤니케이션)	• Evangelist(고객전도사) • Enthusiasm(열광) • Experience(체험, 경험) • Exchange(교환)

〈표 9-3〉 마케팅 관리개념의 변화

전통 산업사회에서 4P로 정의되던 기업의 마케팅 믹스는 소비자 중심 정보사회의 4C를 거쳐 경험경제시대의 4E로 발전하고 있다. 4P(product, price, place, promotion)는 1950년대 후반 제롬 맥카시((J. McCarthy)가 생산자 중심의 산업화 사회에 적합하도록 제시한 개념이며, 4C(customer benefits, cost to customer, convenience, communication)는 필립 코틀러(P. Kotler)가 정보화시대에 맞도록 제시한 개념이다. 여기에 더해 신경제학자인 도널드 칼테(D. Calne)는 감성사회에 맞는 4E(evangelist, enthusiasm, experience, exchange)를 제시했다.

따라서 사려는 사람과 판매하려는 사람에 따라 마케팅의 의미도 변화되고 있다. 이전에는 더 많이, 더 싸게 만드는 것이 중요했다. 최고의 품질과 성능을 가진 상품을 만들려고 했고, 이러한 활동은 연구 개발 담당자나 엔지니어가 주도했다. 이때의 마케팅은 품질, 생산성, 유통망 확보 등을 의미했다. 품질과 생산성의 확대로 부족했던 공급이 늘어나면서 기업의 마케팅 활동은 공격적인 영업과 촉진 활동으로 변화되었다. 판매의 시대로 기업이 만든 상품을 단순 판매하는 것이 마케팅의 최대 목표였다.

기술의 발달과 세계화로 인해 공급이 수요를 초과하면서 기업 중심적 마케팅 활동은 고객 중심으로 변화되기 시작했다. 기업은 A/S 등의 고객서비스를 강화하고 고객의 필요와 욕구를 충족하며 고객의 문제해결 목표로 삼고 있다. 제품의 종류가 많지 않고 판매자도 몇 명만 있다면 제품은 알아서 판매된다. 그러나 제품 종류가 다양해지고 판매자도 많아진다면 소비자는 어떤 제품을 사야 하는지 어려움을 겪게 된다. 제품을 판매하는 사람도 소비자의 선택을 받아야하기 때문에 어려움을 겪기는 마찬가지이다. 단순 영업 활동으로 여겨졌던 마케팅 활동이 보다 달라지기 시작한 것 이다. 이제는 고객에게 창의적, 독창적이고 높은 감성적 부가가치를 제공해야만 경쟁에서 살아남을 수 있다.

최근에는 기업의 사회적 책임(CSR, Corporate Social Responsibility) 이 강조되고 있다.

자연을 훼손하거나, 임금을 착취하거나, 소비자를 무시하면 사람들은 즉각적으로 힘을 모은다. 사회 전체의 이익과 소비자 욕구 충족, 기업 이윤 간의 조화와 균형올 잡는 의사결정이 필요해진 것이다.

사례 9-2 4P 전략 수립

구분	내 용
제품 전략	• 신개념 기숙사형 오피스텔 • 소규모 수익상품 추세 반영제품 전략 • 소규모시설 특화 선점화 • 경험 및 전문인력 부족은 기업 간 공동 참여 확대, 정부지원에 편승 대응 • 경기예측의 난점올 선점화 및 특화로 신수요 창출
가격 전략	• 거래방식(실당 임대비용에서 인당 임대비용) 및 주거방식 차별화(2년 계약을 6개월 또는 1년) • 세제완화 등 사업 경비절감 • 친환경 정부지원으로 가격 경쟁 확보
유통 전략	• 대학가 역세권 공략 – 대학생 교통 및 생활편의 제공 • 대학과 대기업과 협업 시스템 구축 • 역세권 부지매입 방안모색
촉진 전략	• 브랜드인지도 미약 수요자 인센티브 제공 • 경험부족 및 소비위축(대학생에 인턴 및 취업 기회 제공, 기업체엔 숙소 사용 등 가격 인센티브 제공) • 자산운용사의 투자 등 통매각으로 리스크 대비 공동사업, 사업 종료 후 전체 매각

실습 9-1 창업기업 4P 전략 수립

구분	내 용
제품 전략	
가격 전략	
유통 전략	
촉진 전략	

실습 9-2 창업기업 STP 전략 수립

4차 산업혁명시대

스타트업 창업실무와 경영전략

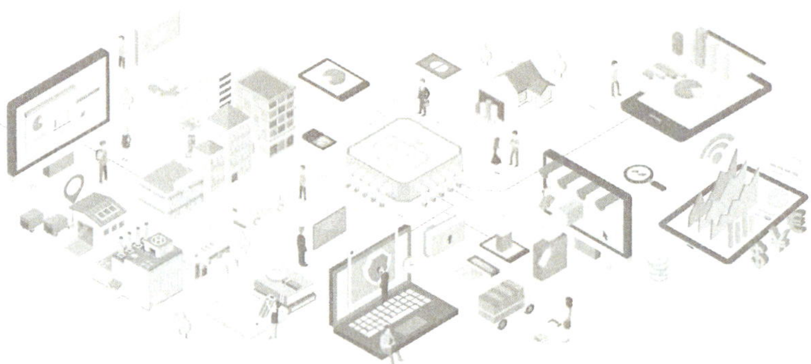

Chapter 10

안전하고 든든한 창업자금의 조달과 운용

1. 필요자금 추정하기
2. 필요한 자금의 추정방법
3. 필요한 자금 확보하기
4. 투자 유치하기
5. 자금 운용하기

Chapter 10 안전하고 든든한 창업자금의 조달과 운용

1. 필요자금 추정하기

창업을 할 때 소요되는 Seed Money(종자돈)은 창업자의 개인자금이거나 공동창업자들이 십시일반하여 시작하는 경우가 일반적이다.

문제는 이 Seed Money(종자돈)만 가지고 수익이 발생하여 더 이상 추가 자금이 필요없으면 좋겠지만, 막상 사업을 진행하는 과정에서 시제품을 만들고 시장 테스트를 하다보면 생각지도 못한 곳에 비용이 지출된다.

매출은 예상보다 적게 나오고, 지출은 예상보다 많이 생기는 것이다.

이에 초기창업 시 소요자금 규모가 결정되면 이를 조달 할 수 있는 방안을 마련해야 한다.

아무리 좋은 사업아이템이라 할지라도 사업을 수행할 수 있는 자금이 확보되지 않으면 수행할 수 없다. 사업의 원활한 수행을 위해서는 필요한 자금을 정확하게 추정해 합리적으로 확보하는 것이 필요하다.

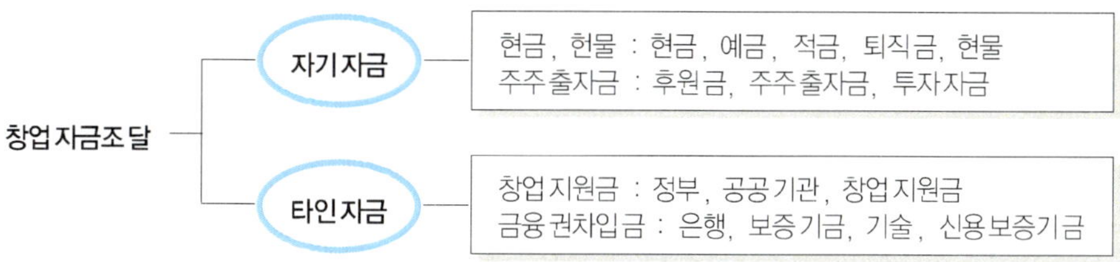

〈그림10-1〉 창업자금 조달과정

창업자금 조달은 크게 자기자금과 타인자금으로 구분할 수 있으며 자기자금은 창업자가 가지고 있는 현금이나 현물을 의미하고, 타인자금은 외부에서 조달하는 모든 차입금을 말한다. 차입금은 현금이 아니더라도 현물이나 시설을 빌려와서 쓸 수도 있다.

이러한 차입금은 이자나 원금상환 조건이 있어 이자를 내야하고 상환기일에 원금도 돌려줘야하기 때문에 자금조달 계획 시 차입금 규모나 상환방법 등을 신중히 검토해야 한다.

1) 필요자금의 최소화 방안

사업의 추진 시 필요한 자금을 최소화하는 방안을 검토해야 하며 자금을 최소화하기 위해서 고려해야 할 사항은 다음과 같다.

(1) 사업장의 확보: 자가 사업장을 갖게 될 경우 소요자금이 증가하게 되는 요인이 되므로 향후 사업추이 등을 예상해 임차를 고려할 수 있다.
(2) 임차료: 사업성에 따른 입지의 선정, 임차기간과 보증금에 따른 임차료의 규모, 인테리어 비용 등
(3) 종업원의 채용: 창업자 자신의 역할, 가족의 역할, 동업자의 역할, 업무에 따른 임시직원의 고용, 시간제 고용 등
(4) 연구개발: 공급자의 협력, 공식적 또는 비공식적으로 연구소와의 협력 유도, 산학협력 체결, 가능한 인맥의 동원을 통한 협력자 활용
(5) 기계, 장비, 비품: 중고 장비, 경매물건의 구입, 개인이 소유하고 있던 물품, 재활용품의 활용 등
(6) 판매 활동: 외상매출기간 및 이자율 등을 고려하여 할인 등을 통한 현금 위주의 거래 유도
(7) 구매 활동: 상품의 구매가격과 대금의 결제기간을 고려하여 현금으로 매입할 것인지 외상으로 매입할 것인지 결정
(8) 생산 활동: 최소의 자가 설비를 운용하고 기타의 생산은 아웃소싱을 활용
(9) 재고 관리: 필요한 수량만 구매하여 최적, 최소 재고를 유지(보관, 감모, 품질 보존으로 인한 비용 발생 억제)

2) 자금조달방법의 결정

창업자는 필요한 자금을 효율적으로 조달하기 위해서 자금을 조달하기 전에 다음과 같은 사항을 검토해야 한다.

(1) 자금의 사용시기: 창업준비기, 창업 초기, 사업장 확보 시 등
(2) 자금의 사용처: 사업장 확보자금, 시설자금, 인테리어자금, 운용자금 등
(3) 자금의 크기: 최소 필요자금, 최대 필요자금, 적정규모의 자금, 여유자금 등
(4) 자금 조달 방법: 보유자금의 활용, 투자유치, 융자, 신용보증, 사채 등
(5) 자금의 조달처: 창업투자회사, 엔젤, 제1금융권, 제2금융권, 가족, 친지 등
(6) 자금의 조달 조건: 거치기간, 상환금액, 상환시기, 이자율 등

3) 필요한 자금의 구분

창업을 위하여 필요한 자금은 창업준비자금, 시설자금, 운영자금으로 구분할 수 있으며 운영자금은 매월 고정적으로 발생하는 비용과 매출액의 증가에 따라 증가하는 비용이 있다. 운영자금은 최소한 1영업순환주기(영업 활동의 개시일로부터 최종수금이 이루어지는 시기) 동안 영업에 필요한 자금이 확보되어야 하며 고정자금은 사업의 개시에 필요한 시설의 확보를 위한 자금이 확보되어야 한다.

〈표 10-1〉 필요한 자금 내역

구분	내 용
창업준비자금	사업계획의 수립 비용, 회사설립 준비 및 회사설립 비용, 개업 준비 및 개업비용 등
시설자금	1. 사업장의 구입자금 또는 임차를 위한 보증금 2. 고정자산의 구입 및 임차 동을 위한 자금 (1) 유형자산: 토지, 건물, 구축물, 기계장치, 차량운반구, 선박, 공구, 가구 비품 등 (2) 무형자산: 영업권, 특허권, 실용신안권, 디자인권, 상표권, 프로그램 등록 권 등
운영자금	1. 고정비: 사업의 운영에 따라 발생되는 비용으로 매출액의 크기와 관계없이 매월 고정적으로 발생되는 고정비용과 매출액의 증가에 따라 증가하는 변동비용으로 구분할 수 있으며 1영업순환주기 동안 발생하는 비용을 말한다. 인건비, 자급 임차료, 감가상각비 등 사업의 성과와 관계없이 매월 고정적으로 지출되는 비용 2. 변동비: 원재료, 상품, 영업비용 등 매출의 크기에 따라 일정한 비율로 지출되는 비용
예비자금	사업의 추진과정에서 환경 변화 등으로 계획보다 추가적으로 발생하게 되는 비용으로써 추가적인 자금 사용요인이 발생하지 않을 경우 다른 용도로 활용될 수 있음

4) 필요한 자금의 추정 목적과 규모

(1) 필요자금을 추정하는 목적

사업추진과정에서 자금부족 상태가 발생하여 사업의 중단사태가 발생하지 않도록 준비하여 성공적인 사업을 추진하기 위함이다. 필요자금은 최대 필요자금, 적정 필요자금, 최소 필요자금의 규모를 추정하는 것이 필요하다.

〈표 10-2〉 필요자금의 구분

구 분	내 용
최대 필요자금	사업계획상 사업 규모, 사업 수행방법 등을 가장 최대화하여 계산할 때 필요로 하는 자금
적정 필요자금	사업계획상 사업 규모, 사업 수행방법 등을 가장 적정하다고 판단할 때 필요로 하는 자금
최소 필요자금	사업계획상 사업 규모, 사업 수행방법 등을 가장 최소화하여 계산할 때 필요로 하는 자금

(2) 사업규모와 자금조달계획의 관계

변화하는 환경요인은 소요자금의 증가요인이 되므로 자금의 조달계획은 환경 변화에 따른 자금조달 능력변수를 고려해 수립할 필요가 있다. 공장 및 사업장의 구입과 설치기간의 지연, 시운전 기간의 지연, 개발 및 시제품 생산기간의 지연 등과 같은 창업추진기간의 지연, 매출액의 급격한 증가 또는 예상미달, 환률 및 금리의 변동, 사업계획의 차질 발생(자금, 인원, 조직, 생산 등), 인·허가 기준의 강화 등은 자금조달 능력변수가 된다.

(3) 자금조달계획의 수립

자금조달계획은 필요자금의 1.25~1.5배 정도로 수립하는 것이 좋다.

(4) 사업의 규모

자금조달 능력의 2/3~3/4 정도의 규모로 하는 것이 적절하다.

2. 필요한 자금의 추정방법

1) 직접적인 방법과 간접적인 방법

직접적인 방법은 세부조사에 의거하여 비용을 일일이 계산해 추정하는 방법이다. 주로 견적서 및 제안서를 받는 방법이 여기에 속한다. 간접적인 방법은 세부추정방법이 곤란하거나 개략적인 추정을 하는 것이다. 즉, 동일하거나 유사한 제품의 기업 실적, 동종 업계의 실적에 의거하여 필요한 자금을 추정하는 방법이다.

2) 고정자금의 추정방법

모든 시설 및 무형자산의 투자계획을 고려하여 계획된 투자금액과 더불어 운송비, 설치비, 제세공과금 등 관련 부대비용을 포함해야 한다.

〈표 10-3〉 고정자금의 추정방법

절차	주요 내용
목표판매량과 필요시설의 검토	목표판매량의 생산에 적합한 시설을 추정 (타사의 설비정보 및 가동률을 조사)
외주 또는 자가 생산 여부의 결정	목표생산량의 생산을 위한 시설을 추진할 것인지 외주생산을 할 것인지를 결정
설비와 무형자산의 구입 규모의 결정	설비계획에 따른 설비 규모와 무형자산의 구입 규모를 결정
투자액의 추정	고정자금의 투자예정액을 결정
자금계획에 반영	추정된 고정자금액을 자금계획에 반영

3) 운영자금의 추정방법

제품1회전기간에 소요되는 비용의 크기를 추정하는 것으로 추정재무제표에 의한 방법과 1회전기간의 고정비와 변동비를 추정하는 방법이 있다.

(1) 추정재무제표에 의한 방법
1년 또는 1회전기간의 추정재무제표를 작성하여 운전자금을 추정하는 방법으로 다음과 같은 공식에 의하여 추정한다.

☞ **1회전 운전자금**
= 순원가/(년) × 1회전기간(년)
= (제조원가 + 판매비 및 일반관리비 - 감가상각비) × 1회전기간(년)
= (연간매출액 - 영업이익 - 감가상각비) × 1회전기간(년)

※ **운전자금 1회전 기간**
= 재고자산 1회전기간 + 매출채권 1회전기간 - 매입채무 1회전기간

(2) 고정비와 변동비를 기준으로 산정하는 방법
1영업순환기간 동안의 비용을 고정비와 변동비로 구분하고, 1영업순환기간 동안의 운용비용을 산정한다.

〈표 10-4〉 고정비와 변동비에 근거한 운영자금 추정방법

구분	주요 내용	산출근거
영업순환주기의 산정	사업계획서에 따른 1영업순환주기를 산정	매출 후 현금화 가능 월수
매출액의 산정	사업계획서에 따른 1영업순환주기의 매출액을 산정	품목별 수량 × 단가
고정비의 산정	급여, 4대 보험 부담금, 관리비, 지급임차료, 감가상각비 등 매출액의 크기와 관계없이 지출해야 하는 비용을 산정	월정금액 × 1영업순환주기 동안의 월수
변동비의 산정	매출원가, 외주용역비, 판매촉진비, 교통비, 차량유지비, 소모품비 등 매출액의 변동에 따라 변동되는 비용을 산정	지출 항목별로 세부요인을 검토하여 산출
예비비	매출이 발생하기 이전 기간 동안의 소요자금을 산정	

3. 필요한 자금 확보하기

1) 창업자금의 조달 원천과 특성

자금조달을 통한 사업의 안정성, 지분의 분배, 상환 및 이자부담, 경영간섭 여부 등을 고려하며 자금조달의 원천과 그 특성을 살펴보면 다음과 같다.

(1) 조달자금의 일반적인 특성

〈표 10-5〉 조달자금의 일반적인 특성

구분	주요 내용
자기자금	• 소유지분을 크게 한다. • 사업의 의지와 성공 가능성에 대한 확신을 크게 한다. • 외부자금의 조달에 기여한다.
동업자금	• 사업의 안정성에 기여하며 자기자금의 효과가 있다. • 경영의 간섭과 의견불일치 시 경영의 효율성을 저해한다.
R&D 등 정부출연자금	• 높은 기술력과 사업성을 인정받아야 한다. • 성공 시 일부 금액을 제외하고 상환의무가 없다.
정책자금	• 장기의 상환기간과 낮은 이자율이 보장된다. • 높은 기술력과 신용을 필요로 한다.
금융권 등의 차입	• 신용 및 담보의 제공을 통하여 실현된다. • 보증기관의 보증서 또는 지원기관 및 금융기관의 직접대출로 실현된다. • 원금과 이자를 상환해야 한다.
투자 유치	• 자기자금과 같이 상환의무가 없다. • IPO의 상장으로 자금을 회수하려 한다. • 투자를 통해 여러 지원을 받을 수 있다. • 개인투자자는 조기과실을 요구하는 경우가 많다.
사채(私債)	• 상환기간의 압박을 받는다. • 높은 이자율의 이자를 지급해야 한다.

(2) 투자 유치와 차입의 비교

창업에 필요한 자금을 확보하는 방법으로 투자를 유치하거나 차입하는 방법이 있다.

〈표 10-6〉 투자유치와 차입 간의 특징 비교

구분	투자유치	차입
지분구조	지분의 배분	지분의 배분 없음
상환의무	없음	상환기간 내 상환
담보 제공 여부	없음	신용 또는 담보 제공
성과보수	경영성과에 따른 배당	약정이자
경영간섭	경영지도 등 실시	없음

2) 필요한 자금의 확보방법

필요한 자금이 산정되면 적절한 자금조달방법을 결정해야 한다. 또한 효율적인 자금 조달을 위해서는 적절한 재무관리 및 신용관리를 해야 한다.

(1) 자기자금의 확보

자기자금의 비중이 높을수록 안정적인 기업운영을 할 수 있으며 창업자의 의지 확인과 신용도의 증가로 자금의 차입 등에도 유리하다.

(2) 창업자금지원제도를 통한 확보

정부나 공공기관 지방자치단체 그리고 금융기관에서는 창업에 소요되는 자금의 원활한 공급을 위해서 금융 부담을 완화시켜 창업에 성공하도록 자금을 지원하고 있다. 자금지원은 소규모 일반창업자 뿐만 아니라 특별히 국가가 정책적으로 지원이 필요한 창업에 대해서는 일반금융보다 훨씬 유리한 조건으로 지원하고 있는데, 이를 정책자금이라 한다.

(3) 소상공인 창업자금

창업자금이 부족하거나 조달여력이 없는 서비스업, 도소매업 및 소규모제조업 창업자가 소상공인지원센터와 중소기업진흥공단에서 지원 받을 수 있는 자금으로 업체당 지원한도는 일반적으로 5천만원 이내이다.

신청자는 사업자등록증 사본, 임대차계약서 사본, 부가세 신고내역과 추천신청서 및 사업계획서를 창업자금 신청서류와 함께 소상공인지원센터에 제출하면 된다.

소상공인지원센터는 상담과 서류심사를 통해 창업 신청자의 경영능력, 사업실현 가능 타당성, 자금조달 능력 및 신청금액 적정성을 평가하여 보증추천서를 발급해 준다. 이 보증추천서를 통해 해당 지역에 있는 신용보증재단에 제출하고 보증서를 발급받아 금융기관에 가서 필요한 자금을 대출 받을 수 있다.

(4) 창업기업 지원자금

제조업, 건설업, 운송업, 광업을 영위하는 자에게 지원하는 기업육성자금이며, 사업개시일로부터 7년 미만의 중소기업으로 창업을 준비하는 자에게 중소기업진흥공단에서 지원하는 자금이다.

이 자금의 지원범위와 조건은 사업장 건축이나 사업장 확보(매입, 경매, 인수, 합병)에 소요되는 자금과 생산설비, 검사장비 도입 등 시설자금 그리고 창업에 소요되는 운전자금, 제품생산비용 및 기업경영에 소요되는 자금이다.

(5) 청년창업 지원자금

우수한 창업아이템이나 아이디어를 보유한 청년들에게 창업을 촉진할 목적으로 지원되는 자금인데, 이 창업자금은 창업교육과 컨설팅을 패키지 형태로 지원 되는 것이 일반적이다.

지원대상은 문화콘텐츠업, 지식서비스업 및 신규제조업을 영위하려는 39세 이하의 예비 창업자 및 창업한 지 3년 미만의 기업에 해당된다. 이 자금 신청자는 사업계획서를 첨부하여 자금을 신청하면 접수와 동시에 창업교육과 컨설팅 실시하고, 결과를 통해 사업타당성을 평가받아 적합 판정을 받으면 지원대상자로 결정된다. 이 자금은 중소기업진흥공단에서 직접 운영하는 융자상환금 조정형과 취급 은행에서 운영하는 민간금융매칭형 두 가지가 있다. 다만, 창업과 기업경영에 소요되는 운전자금에 한해서 1개 기관을 통해서만 지원받을 수 있다.

(6) 우수발명품 제작지원

아이디어를 이용하여 창업 하는 경우, 특허청과 한국발명진흥회에서 특허기술 사업화에 앞서 등록특허, 등록유지 결정된 실용신안, 등록디자인을 보유하고 있지만 작품 제작비용이 부족한 창업자에게 해당 비용을 지원하는 자금이다.

이 외에도 발명의 기술성, 사업성 구축 및 평가에 소요되는 평가수수료를 지원하는 자금과 특허가치평가에 의한 사업화 자금지원이 있는데, 이 자금은 특허청과 한국발명진흥회가 한국산업은행, 기술보증기금과 연계하여 자금을 지원하고 있다.

(7) 지방자치단체의 창업지원 자금

우리나라 각 지방자치단체는 지방 중소기업의 육성발전 및 창업의 활성화를 위하여 해당 지역의 창업자에게 창업자금을 지원하고 있다. 지자체의 각 시와 도에서 지원하는 창업자금은 중앙정부와 지방자치단체가 50:50으로 자금을 조성해 창업 후 2년 이내의 기업을 대상으로 최장 8년 이내에서 저리로 자금을 지원하고 있는데, 각 시 · 도 지방자치단체별로 창업자금 종류, 지원 대상, 금액 등 지원조건이 다양하므로 창업자금을 지원 받으려면 해당 지자체 담당부서로 문의하여 자세한 사항을 알아보아야 한다.

〈표 10-7〉 정부출연 R&D자금 확보방법

구분	주요내용
차별화된 기술 및 아이디어의 확보	기존 기술 및 아이디어와 차별화할 수 있는 새로운 기술 및 아이디어를 보유하고 있음을 설명할 수 있어야 한다.
개발시설 및 개발조직의 보유	보유하고 있는 기술 및 아이디어를 실제적으로 제품화할 수 있는 시설과 조직을 보유하고 있음을 증명해야 한다.
제품성	개발 제품의 품질과 성능이 기존 제품과 차별화되고 우수성이 있음을 보여줄 수 있어야 한다.
시장성, 사업성	개발된 제품이 시장의 요구에 충족될 수 있으며 지속적인 수요가 발생하여 사업성을 충족하고 있음을 설명할 수 있어야 한다.
사업계획서의 작성과 발표	지원사업을 통하여 준비된 사업계획서와 성공의 확신을 줄 수 있는 발표 역량이 필요하다.

(8) 정책자금의 확보

R&D 자금 이외의 정책자금은 자금의 보조, 보증, 융자의 형태로 이루어지며 지원사업별 지원용도와 지원시기 등이 다르므로 사전에 준비하는 것이 필요하다.

〈표 10-8〉 정책자금 확보방법

구분	주요내용
지원 대상의 확인	지원 대상이 될 수 있도록 요건을 구비한다.
지원 제외 대상의 확인	신용불량, 금융기관의 연체, 부채비율의 검토, 국세 및 지방세의 체납 등이 이루어지지 않도록 준비한다.
우대 지원사항의 검토	가산점을 부여하는 특허보유, 벤처기업 인증, 여성기업, 장애인기업, 기타 인증요건을 갖춘다.
관련 일정의 검토	사업별로 자금의 소진 시까지 신청을 받는 경우가 대부분이므로 사전에 준비하여 적기에 신청한다.
관련 자료의 준비	사업계획서 및 관련 증빙서류를 검토하여 사전에 준비한다.
관련 자료의 검토 및 신청	준비된 자료를 꼼꼼히 검토하여 오류의 발생을 줄이고 완성된 자료를 제출한다.

(9) 금융기관의 대출

금융기관의 대출은 신용대출과 담보대출로 구분할 수 있으며 자금대출의 결정 요인은 원리금 상환능력의 판단이라 할 수 있다. 또한 담보력과 신용등급에 따라 대출금액의 크기와 상환기간, 이자율 등이 결정되므로 자기자본의 크기와 담보력, 신용등급의 상향을 위한 준비가 필요하다.

(10) 신용보증서의 확보

정책자금 또는 금융기관의 대출 시 담보로 신용보증서가 활용되고 있으며 신용기관의 보증서 발행 내역은 다음과 같다.

〈표 10-9〉 신용기관별 보증서 발행 내역

구분	주요 내용
신용보증기금	영리를 목적으로 하는 개인기업 또는 법인기업을 영위하는 사업자로서 업종의 제한이 없음
기술보증기금	신기술 사업을 영위하는 중소기업을 대상으로 기술성과 사업성을 중심으로 평가
지역신용보증재단	지역신용보증재단 관할 지역 내에 소재하는 전 업종의 소기업 및 소상공인을 대상으로 보증서 발행

4. 투자 유치하기

투자 유치는 정책자금의 지원이나 융자 등과 달리 회사의 지분을 나누어야 하며, 투자자 및 투자기관으로부터 경영간섭을 받을 수 있다. 투자를 받기 위해서는 투자자 및 투자기관의 특성을 이해하고 철저히 준비를 한 후 다양한 투자자를 찾아 협상을 하고 적정한 평가를 받도록 해야 한다.

1) 투자자의 유형과 특성

(1) 엔젤투자자

엔젤투자자, 엔젤클럽 등의 형태가 있으며, 설립 초기단계의 기업과 고위험의 회사에 투자하기도 한다. 투자자금의 조기회수를 위한 전략을 요청하는 등 벤처캐피탈 등에 비하여 주주보호의지가 낮고 사후 기업관리 방안이 제한적일 수 있다.

(2) 엔젤매칭펀드

신주투자(보통주, 상환/전환 우선주)가 대상이며, 개인기업, 조합, 유한회사는 투자 대상이 아니다. 투자자가 투자금을 자본금으로 등기한 날로부터 6개월 이내의 법인이어야 하며 법인 설립 전에는 신청할 수 없다.

(3) 벤처캐피탈

엄격한 투자기준과 절차에 따라 투자기업을 선정하며, 투자 대상 회사에게 제안 또는 사업계획서의 제출을 요구한다. 초기기업보다 시장성이 확인되는 기업에 투자하는 경우가 많으며, 필요에 따라 경영 지도를 받을 수 있다.

(4) 창업기획자

중소기업청에 등록된 회사로써 초기창업자 등의 선발 및 투자, 전문교육을 주된 업무로 한다. 초기창업자의 선발은 창업자선발대회 등 공정한 방법에 의해야 하며 초기창업자의 성공 가능성을 높이기 위하여 사업 모델 개발, 기술 및 제품 개발, 시설 및 장소의 확보 등의 지원을 하여야 한다.

전문보육의 성과를 제고하기 위하여 초기창업자에 대하여 투자자와의 제휴, 초기창업자 홍보, 다른 기업과의 인수 · 합병 해외 진출 등의 지원을 할 수 있다.

(5) 액셀러레이터

예비창업자나 창업지원팀, 초기창업자를 중점적으로 선발하여 지원한다. 개방적이고 경쟁적인 절차에 따라 지원기업을 선정한다. 프로그램 지원기간 동안 초기창업자금이 지원되며 비즈니스 모델 수립, 컨설팅, 업무공간 지원 등을 한다.

(6) 크라우드펀딩(Crowd Funding)

아이디어는 있지만 실행을 위한 자금이 부족한 개인 또는 팀이 다수의 사람들(Crowd)로부터 돈을 모금(Funding)하는 것이다

창의적 아이템을 가진 초기 기업가를 비롯한 자금수요자가 중개업자(온라인소액투자중개업자)의 온라인플랫폼에서 집단지성(The Wisdom of Crowds)을 활용하여 다수의 소액투자자로부터 자금을 조달하는 행위를 크라우드펀딩이라 한다.

〈그림 10-2〉 크라우드펀딩의 형태

자금모집 및 보상방식에 따라 후원기부형(리워드형), 대출형, 증권형(투자형)의 3가지 유형으로 구분된다.

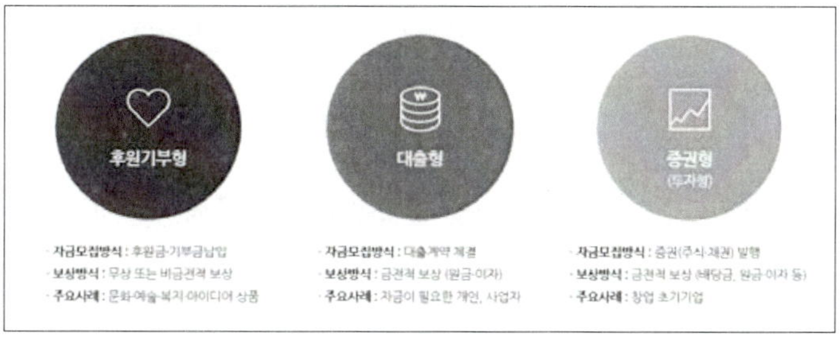

〈그림 10-3〉 크라우드펀딩의 유형

① 투자자

신생 · 창업기업에 대한 투자에 관심을 가진 사람이라면 누구나 증권형 크라우드펀딩의 투자자가 될 수 있다. 자본시장법에서는 투자자들이 과도한 금액을 투자하여 상당한 손실을 입는 것을 사전에 방지하기 위해서 투자한도를 정하고 있으며, 투자자의 전문성, 위험감수능력에 따라 투자한도를 차등화하여 적용

하고 있다.

② 발행인

크라우드펀딩을 통하여 증권을 발행할 수 있는 자(온라인소액증권발행인)는 비상장 중소기업으로 창업 후 7년 이내이거나 프로젝트의 성격을 가진 사업을 수행하는 기업이어야 하나, 비상장 벤처기업 또는 이노비즈기업 및 메인비즈기업은 업력이 7년을 초과하더라도 크라우드펀딩을 통한 증권발행이 가능하다.

(크라우드펀딩 제외업종: 금융 · 보험업 부동산업, 무도장, 골프장, 스키장, 배팅업, 숙박 및 요식업 등)

③ 온라인중개업자

온라인중개업자는 크라우드펀딩 중개를 담당하는 금융투자업자로, 고객자산을 직접 수탁하거나 운용하지 않고 발행인과 투자자 사이에서 증권의 모집 또는 사모에 관해 단순히 중개하는 역할을 한다. 온라인중개업자는 투자자를 보호하고 시장질서 교란을 방지하기 위해 반드시 자본금, 인적 · 물적 요건 등의 일정 요건을 갖추어 금융위원회에 등록해야 한다.

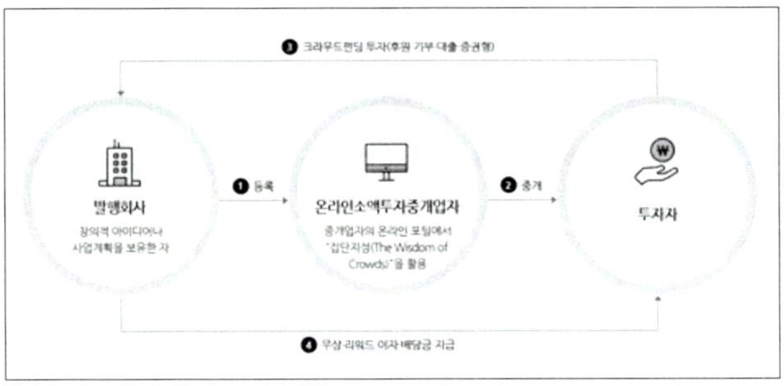

〈그림 10-4〉 크라우드펀딩 운영구조

2) 투자 유치하기

(1) 투자자의 특성이해

투자자는 그 종류에 따라 주력 투자업종, 특화되어 있는 심사업종, 투자 목적, 투자 대상의 선정요인, 투자 프로세스, 투자기업의 관리 및 지원방안 등이 모두 다르다. 따라서 이와 같은 투자자의 특성을 분석하고 이해해야 한다.

(2) 투자자의 선택

투자자의 특성을 분석한 결과를 근거로 창업기업의 여건에 맞는 적절한 투자자를 선택한다. 투자자의 선택은 업계의 평판과 주주 구성, 자금 이외의 역할과 지원 내용을 검토하고 보유하고 있는 인프라 및 도덕성 등을 검토한다.

(3) 투자 제안을 위한 준비

투자심사기준(재무성, 기술성, 사업성 등) 및 투자자가 기대하는 요건 등을 검토하고 준비한다.

(4) 투자제안서나 사업계획서의 작성 및 검토

투자제안서와 회사의 미래가치를 설명할 수 있는 부속자료를 작성하고, 전문가를 통해 철저하게 검토한다. 투자제안서나 사업계획서는 상대방을 고려하여 쉬운 용어로 간결하고 명료하게 작성한다. 모든 내용은 객관적인 자료에 근거하여 작성하고, 사업의 차별적 우위성과 리스크 요인 및 대안을 제시하며 IPO, M&A 등 출구 전략을 확실히 제시한다.

(5) IR

가능한 한 많은 투자자에게 정보가 전달되도록 적극적으로 정확한 정보를 제공하여 투자자가 창업기업을 확실히 이해할 수 있도록 한다. 관심투자자와 그 외의 투자자를 선별하여 진행사항에 대처하도록 하며 지속적으로 접촉하고 자료의 요청에 즉각 대응할 수 있도록 준비한다.

(6) 투자자 접촉 시기 및 투자기간의 고려

투자자의 접촉은 휴가철, 회사의 결산기 등은 피하도록 하며 일반적으로 투자 심사기간을 감안한 접촉 전략이 필요하다. 외자 유치의 경우에는 국내 투자기간보다 장기간이 걸리므로 이를 고려하여야 한다.

(7) 투자자의 접촉방법

무차별적인 이메일의 발송 등과 같은 방법을 지양하고 가능성이 있는 2~3개의 투자자를 집중으로 접촉한다.

(8) 사업설명회 실시

성공할 수 있다는 근거와 사업가로서의 신념을 충분히 전달한다. 설명 내용과 수준, 발표 시간 등을 확인하고 상황에 맞게 준비하며 전체적으로 준비된 사항을 중심으로 충분히 연습한다.

(9) 서류심사 및 현장심사

투자자는 주변조사 등을 통해 세부 사업 내용을 검토하며, 기업을 방문하고 면담조사를 실시한다. 기술과 제품, 시장, 자금, 인적자원, CEO 및 핵심 인력과 외부 네트워크 등을 조사하고 분석한다.

(10) 협약 및 계약서의 작성

투자의 진행과정에서 투자조건은 즉시 결정되지 않을 수 있다. 창업자는 인내를 갖고 지속적인 협상을 통하여 투자조건을 결정해야 한다. 투자조건이 결정되고 투자를 이행하기 위해서는 반드시 협약된 내용을 근거로 계약서를 작성 한다.

5. 자금 운용하기

창업기업의 경우 대부분 자금이 부족하기 때문에 어떻게 조달할 것인가에 대한 관심이 큰 데 비하여 조달된 자금을 어떻게 사용할 것인지에 대한 주의를 게을리하는 경우가 많다. 그러나 사업의 경영에 있어서 자금 조달이 중요한 만큼 조달된 자금을 효율적으로 운용하는 것 또한 중요하다.

1) 예산의 수립과 운용

예산 수립은 조달자금의 효율적인 집행과 수립된 사업계획의 집행을 위해 필요하다.

(1) 단기적인 예산

자금계획에 따라 단기적으로 집행이 필요한 자금의 확보를 위한 예산과 집행시기 등을 결정한다.

(2) 장기적인 예산

자금계획에 따라 중 · 장기적으로 필요한 자금의 확보를 위한 예산과 집행시기를 결정한다.

(3) 특정 프로젝트를 위한 예산

투자 등 특정한 프로젝트의 수행에 필요한 자금의 확보를 위한 예산과 집행시기를 결정한다.

(4) 수입예산

수익 활동, 재무 활동, 투자 활동으로 발생한 현금 및 현금성 자산의 수입에 관한 예산과 수입시기를 결정한다.

2) 자금의 운용방법

(1) 현금 및 현금성자산의 관리

자금을 과다하게 보유하고 있는 것은 효율적인 자금의 관리가 되지 못하고 있는 것이다. 따라서 자금수지계획에 따라 과도한 잔액이 남아 있지 않도록 관리하고 적정보유자금 이외의 자금은 이자율이 높은 예금 등으로 관리한다.

(2) 매출채권의 관리

매출채권의 증가는 단기 운용자금의 압박요인이 되며 금융비용의 증가를 가져온다. 정기적으로 매출채권의 회수 주기를 계산하고 조기 회수를 위한 노력을 해야 한다. 또한 거래처별로 회수시기에 따른 가격결정을 연동하여 관리하는 것이 필요하다.

(3) 재고자산의 관리

과다한 재고자산의 보유는 진부화 및 가치 감소로 인한 손실의 발생과 재고관리 에 따른 관리 및 유지비용을 증가시켜 비효율적이다. 또한 자금 부담으로 인한 금융비용의 증가를 발생시키게 되므로 적정재고의 유지 및 관리가 필요하다.

(4) 비유동자산의 관리

사업계획에 따른 장 · 단기 투자계획으로 올바른 집행이 필요하며 단기적인 조달 자금의 활용을 통한 투자가 이루어지지 않도록 유의해야 한다. 또한 여유자금의 운용도 안전성과 수익성을 고려한다.

(5) 매입채무의 관리

매입 채무의 증가는 단기적인 자금의 활용성을 높이게 되나 매입가격의 인상을 가져올 수 있다. 따라서 적정한 가격과 상환시기 결정을 연계하는 방안이 필요하며 안정적인 구매처 확보와 유지가 필요하다.

(6) 단기차입금의 관리

단기차입금 상환은 단기적인 현금 흐름의 감소를 가져오게 된다. 따라서 적시 상환을 위하여 안정적인 현금 흐름을 유지해야 한다. 흑자 기업이라도 현금 흐름이 원활하지 않을 경우 단기적인 자금 압박으로 인한 도산의 위험성이 있으므로 유의해야 한다.

(7) 비유동부채

자금의 소요 원인과 정확한 사용 여부를 확인하고 자금계획의 수립 시 원리금의 상환계획을 수립하여 상환 절차를 진행해야 한다.

실습 10-1 필요자금의 추정실습

구분		금액	산출근거
고정자금	1. 연구개발비		
	2. 토지		
	3. 건물		
	4. 임차보증금		
	5. 기계장치		
	6. 비품		
	7. 차량운반구		
	8.		
	9.		
	10. 기타		
	소계(1)		
운영자금	1. 인건비		
	2. 전기수도료		
	3. 통신비		
	4. 복리후생비		
	5. 지급임차료		
	6.		
	7.		
	8. 기타		
	소계(2)		
창업준비자금	1. 회사설립비용		
	2. 개업비		
	3. 기타		
	소계(3)		
필요자금 총계			(1) + (2) + (3)

〈작성요령〉

1. 수립된 사업계획을 기초로 하여 필요한 자금을 산출한다.
2. 시설자금의 경우 품목(토지, 건물, 임차보증금 등)별 세부명세서를 작성한다.

품목	규격	수량	단가	금액

3. 운영자금은 1영업순환주기 동안 소요될 금액을 산출한다.고정비와 변동비로 구분하고 고정비는 월정 비용 × 해당 월 수, 변동비는 예상매출액에 상응하는 금액을 산출한다.

실습 10-2 자금조달계획의 작성실습

구분		금액	자본금	정부출연	정책자금	일반금융	기타
고정자금	1. 연구개발비						
	2. 토지						
	3. 건물						
	4. 임차보증금						
	5. 기계장치						
	6. 비품						
	7. 차량운반구						
	8.						
	9.						
	10. 기타						
	소계(1)						
운영자금	1. 인건비 외						
	소계(2)						
창업준비자금	1. 회사설립비용						
	2. 개업비						
	3. 기타						
	소계(3)						
필요자금 총계		(1)	(2)	(3)	(4)	(5)	(6)

〈작성요령〉

1. 자본금은 자기자금, 동업자금, 주주 및 투자자로부터 출자 받은 금액을 기재한다.
2. 고정자금, 운영자금, 창업준비자금의 내역은 필요에 따라 합계 또는 분리해서 기재할 수 있다.
3. 자본금 이외의 조달처(정부출연, 정책자금, 일반금융, 기타)는 필요에 따라 변경하여 기재할 수 있다.
4. 필요자금총계의 계산 (1) = (2) + (3) + (4) + (5) + (6)

Chapter 11

스타트업 회사 설립

1. 회사 형태 결정하기
2. 법인 설립 준비하기
3. 주식회사 설립하기
4. 협동조합 설립하기
5. 사업자등록 및 4대 보험 신고하기

Chapter 11 스타트업 회사 설립

1. 회사 형태 결정하기

기업 소유권의 법적 형태는 고객 입장에서는 별로 중요하지 않다. 식당에서 식사를 할 때, 아마 당신은 그 식당이 1인 소유의 식당인지(개인사업자), 동업을 하는 2인 이상의 소유주를 가지고 있는지(공동기업), 또는 많은 수의 주주가 소유하고 있는 법인(주식회사)인지 상관하지 않을 것이다. 당신이 원하는 것은 오직 맛있는 음식이다. 만약 당신이 미국 브랜드의 외제차를 산다면, 당신은 아마 그 차를 만든 회사가 미국 내 기업에 적용되는 법률과는 다르게 그 회사의 조직 형태를 통제하는 법률을 가지고 있든 말든 상관하지 않을 것이다. 당신은 그 차가 잘 만들어졌거나, 예산에 적합하거나 원하는 스타일이기 때문에 그 차를 사는 것이다.

작은 기업들이 성공을 이루기 위해 반드시 법인 기업으로 진화해야 하는 것은 아니다. 그럼에도 불구하고, 기업의 법적 소유 형태는 기업의 운영, 납부해야 하는 세금액과 기업소유주가 갖는 지배력에 영향을 준다.

따라서 창업자는 각 회사의 특성과 요건을 파악하고, 계획하고 있는 사업의 특성과 창업 여건을 고려하여 가장 적절한 회사의 형태를 결정해야 한다.

1) 회사의 형태

회사의 형태는 성격에 따라 개인기업과 법인기업으로 구분할 수 있으며 법인기업은 상법상의 회사와 조합의 형태가 있다. 상법상의 회사에는 주식회사, 유한회사, 유한책임회사, 합자회사, 합명회사가 있다. 조합의 형태에는 협동조합기본법에 근거한 협동조합과 농어업경영체 육성 및 지원에 관한 법률에 따른 영농조합법인, 영어조합법인이 있다.

2) 기업 형태 결정하기

창업을 할 때 개인기업으로 할 것인가, 법인기업으로 할 것인가를 결정해야 하는데, 개인기업으로 창업하여 사업규모가 커지면 법인기업으로 전환하는 것을 고려할 수 있으나 법인 전환 시기, 법인 전환에 따른 비용, 창업 지원 혜택 등 여러 가지 요소를 비교한 후에 결정하여야 한다. 기업 형태의 결정을 위하여 고려할 사항은 〈표 11-1〉과 같다.

(1) 개인기업과 법인기업

구 분	개인기업	법인기업
설립 절차	복잡한 설립등기 필요 없이 세무서에 사업자 등록만으로 사업을 개시할 수 있어 편리하다.	원칙적으로 자본금과 1인 이상의 인원이 필요하고 주식회사의 설립 등기에 의해 설립 후 세무서에 법인설립신고 및 사업자등록을 하면 설립 절차가 완료
경영활동에 대한 책임	개인 사업주가 단독 무한책임을 부담	법인의 형태에 따라 무한책임 또는 유한책임을 부담
의사결정과정	기업주 단독 결정으로 법인에 비해 신속한 의사결정이 가능	의사결정 내용에 따라 이사회 또는 주주총회의 결의가 필요
기대되는 경영역량	개인의 경영 능력에 의존하게 되며 개인의 창의노력 극대화가 가능	소유와 경영의 분리로 인한 경영관리의 효율성이 기대
자본조달	개인의 전액 출자로 자본조달의 한계가 존재	다수의 출자자로부터 자본조달이 가능
기업의 양도	부동산 등이 존재할 경우 개별적으로 이전 절차를 거침	출자금의 유가증권화가 가능하며 출자지분의 양도로 이전이 가능
이윤의 분배	이윤의 전부를 개인 기업주가 독점	출자자의 지분에 따라 분배
기업의 영속성	개인 기업주의 사망으로 기업 활동이 중지	대표의 유고 시에도 기업 활동의 유지 가능
기업신용도	법인을 요건으로 하는 경우가 존재해 법인기업에 비하여 불리	법인을 요건으로 하는 경우 개인 기업에 비해 유리
대인접촉과 비밀유지	법인기업에 비해 유리	개인 기업에 비해 불리
세금의 부담	소득금액이 일정 규모 이하일 경우 법인 기업에 비해 유리 6~38%의 5단계 초과 누진세율로 소득이 많은 경우에는 소득세 부담 많음	소득이 많은 경우 개인 기업에 비해 유리

(2) 개인기업과 법인기업의 장 · 단점

구 분	개인기업(개인사업자)	법인기업(법인사업자)
장 점	• 이용의 독립성 • 창업이 용이 • 경영활동의 자유와 신속성 • 기밀의 유지 • 신용상태의 밀집성 • 유리한 대인접촉	• 주주의 유한책임 • 자본의 증권화(상장) • 대외신용도 유리 • 소유와 경영의 분리 • 자본조달 용이 • 절세효과 우수
단 점	• 무한책임성 • 자본조달 능력의 한정성 • 1인에 의한 경영능력 한계성 • 세금의 과다	• 주주총회, 이사회의 결의 필요 • 임원 임기 • 복식부기 기장 의무 • 회사자산과 대표자자산 분리

(3) 일반과세자와 간이과세자

관할 세무서에 사업자등록을 신청할 때 일반과세자와 간이과세자 중 어느 하나로 사업자등록을 해야 하는데, 일반과세자와 간이과세자는 세금의 계산방법 및 세금계산서 발행 등에 차이를 두고 있으므로 본인의 사업에 어느 형태가 적합한지를 검토한 후 사업자 등록을 하는 것이 좋다.

① 일반과세자

일반과세자는 공급가액의 10% 세율이 적용되는 반면에 물건 등을 구입하면서 받은 매입세금계산서상의 부가가치세액을 전액 공제받을 수 있고 세금계산서를 발행할 수 있다.

연간 매출액이 4,800만 원을 초과할 경우와 간이과세자에 해당되지 않는 업종은 일반과세자로 등록을 해야 한다.

※간이과세자로 등록할 수 없는 업종

① 광업
② 제조업(단, 떡집, 방앗간, 양복점, 양장점 등과 같이 최종 소비자를 직접 상대하는 사업은 간이과세 적용)
③ 도매업(소매업을 함께 영위하는 경우를 포함하되, 재생용 재료수집 및 판매업은 제외)
④ 부동산 매매업
⑤ 과세 유흥장소 영위사업 - 특별시, 광역시 및 일반 시 지역
⑥ 부동산 임대업 - 특별시, 광역시 및 일반 시 지역
⑦ 인적용역 제공사업변호사, 변리사, 법무사, 공인회계사, 세무사, 경영지도사, 감정평가사, 건축사, 측량사 등 전문직 사업자
⑧ 기타 국세청장이 정하는 기준에 해당하는 사업

② 간이과세자

간이과세자는 공급가액의 업종별 부가가치세율을 적용하기 때문에 매입세액의 5~30%를 공제받을 수 있으며 세금계산서를 발행할 수 없다. 주로 소비자를 상대하는 업종으로 연간 매출액이 4,800만 원에 미달할 것으로 예상하는 소규모 사업자의 경우에는 간이과세자로 등록하는 것이 유리하다.

(4) 일반과세자와 간이과세자의 비교

구분	일반과세자	간이과세자
적용대상	개인 및 법인사업자 연간 매출액 4,800만원 이상자	개인사업자로 연간 매출액이 4,800만원 미만자(배제업종 제외)
의무사항	① 공급가액 10% 부가가치세 납부 ② 세금계산서 발행 ③ 매입/매출 간편장부로 기장 가능	① 공급가액 × 업종별 부가가치세율 × 10% ② 세금계산서 발행 불가 (단, 영수증, 계산서 발행 가능)
과세표준	공급가액(부가가치세 제외)	공급대가(부가가치세 포함)
납부세액	매출세액 - 매입세액	과세표준 × 업종부가가치세율 × 10%
매입세액 공제여부	전액 공제(매출세액 초과 시 환급)	매입세액 × 업종부가가치세율 공제 납부세액 한도
세금계산서	원칙적으로 세금계산서 발행	영수증 교부(세금계산서 발행 불가)
가산세	세금계산서 관련 가산세 있음 미등록 가산세율 1%	세금계산서 관련 가산세 없음 미등록 가산세율 0.5%
발행영수증	세금계산서, 신용카드 등 발행전표	영수증, 신용카드 등 발행전표

(5) 간이과세사업자의 과세유형 전환

처음에 간이과세자로 등록했어도 다음과 같은 경우에 과세유형은 다시 판정된다.

① 간이과세자로 등록했다 하더라도 1년간 매출액이 4,800만 원 이상이 되면 일반과세자로 전환되며, 4,800만 원 미만이면 계속 간이과세자로 남게 된다.

② 처음에 간이과세자로 등록하였으나 거래 상대방이 세금계산서를 요구하거나 기타 사정에 의해 일반과세자로 변경하고자 하는 경우에는 변경하고자하는 달의 전달 말일까지 '간이과세 포기 신고서'를 제출하면 된다. 간이과세를 포기하면 3년간은 다시 간이과세를 적용받을 수 없다.

3) 법인의 형태 결정하기

창업자가 법인기업으로 설립을 결정했다면 법인기업의 형태에 따른 법적 근거, 설립 절차 및 요건, 경영방식, 조직 변경에 관한 규정 등을 확인해야 한다.

혹, 사업아이템이 사회문제해결을 위한 것이라면 사회적기업 설립을 검토 해 보는 것도 좋다. 사회적 기업가(social entrepreneurs)는 기업가정신을 바탕으로 사회적 문제를 해결해 나가는 사람들을 말한다. 이들이 운영하는 기업은 기본적으로 다른 기업들과 동일한 원리를 바탕하고 있으나, 기업이 사회적 변화를 이끌어내는 매개체가 된다는 데 그 차이점이 있다. 즉, 이러한 기업가는 비영리기관 또는 영리기관을 개설 및 운영함으로써 다양한 사회적 문제를 해결하는 데 힘쓴다.

신발 한 켤레를 팔 때마다 신발이 필요한 개발도상국의 아동에게 한 켤레의 신발을 기부하기 위한 목적으로 회사를 설립한 탐스(TOMS)의 최고 경영자 블레이크 마이코스키(Blake Mycoskie)가 바로 이러한 사회적 기업가의 한 예라고 할 수 있다.

소액대출 기관인 그라민 은행(Grameen Bank)의 설립자 무하마드 유누스(Muhammad Yunus)도 사회적 기업가의 예이다. 유누스는 저소득 계층에게 소액대출을 제공함으로써 빈곤문제 해결을 돕기 위해 그라민 은행을 설립하였다.

따라서, 창업자는 검토 결과와 창업자의 보유 역량 및 환경을 고려해 향후 기업경영에 가장 적합하다고 판단되는 법인의 형태를 결정하면 된다.

〈표 11-2〉 법인의 형태별 비교

구분	주식회사	유한회사	유한책임회사	합자회사	합명회사	협동조합
법적 근거	상법	상법	상법	상법	상법	협동조합 기본법
책임	유한책임	유한책임	유한책임	유/무한 책임	무한책임	유한책임
발기인 수/ 사원 수	제한 없음	제한 없음	제한 없음	2인 이상	2인 이상	5인 이상
출자의종류	금전, 현물(주식)	금전, 현물	금전, 현물	금전, 현물, 노무, 산용	금전, 현물, 노무, 신용	금전, 현물
정관 인증	10억 원 이상 발기설립 및 모집 설립 시 필요	필요	불필요	불필요	불필요	필요
출자단위	1 주에 100원 이상	1 좌에 100원이상	없음	없음	없음	없음
자본금기준	없음	없음	없음	없음	없음	없음
관선검사인 선임	변태설립 시 필요	불필요	불필요	불필요	불필요	불필요
의결기관	주주총회	사원총회	사원총회	사원총회	사원총회	조합원 총회
의결권	1주 1의결권	1좌 1의결권	1인 1의결권	무한책임 사원 동의	무한책임 사원 동의	1 인 1 의결권
주주와 사원의 이동 (지분의 양도)	원칙상 자유 (정관에 양도제한 규정 가능)	원칙상 자유 (정관에 양도 제한 규정 가능)	다른 사원의 동의 필요/업무 집행사원 외의 경우 업무 집행 사원의 동의 필요	무한책임사원의 동의 필요	무한책임사원의 동의 필요	조합원 총회 결의

2. 법인 설립 준비하기

중소 · 벤처기업을 창업하려는 법인사업자는 법인의 설립을 통해 사업을 시작하게 된다. 이 경우 법인은 영리를 목적으로 영업을 수행하므로 「상법」상 '회사'에 해당한다.

회사는 다음과 같이 주식회사, 유한회사, 유한책임회사, 합자회사, 합명회사, 협동조합으로 분류할 수 있으며 창업 시 가장 많이 준비하는 법인 설립의 형태인 '주식회사'를 기준으로 법인설립 방법을 알아보자

1) 주식회사의 설립 준비

〈표 11-3〉 주식회사 설립 시 준비할 사항

구분	주요 내용
목적 사업	① 영위하고자 하는 주된 사업 내용을 우선하여 작성하되 향후 요구되는 사업 범위까지 검토하여 정관에 포함시킨다. ② 법률상 신고 및 인 · 허가 업종일 경우에는 반드시 목적사업에 해당 사업에 대한 표시를 하여야 한다.
자본금 규모	① 인 · 허가사업의 자본금은 법률상 최저 자본금 규모가 규정되어 있으므로 기준 자본금에 미달하지 않도록 해야 한다. ② 필요자금의 산정을 정확하게 하고 자금 조달 시기 및 사업계획 일정을 고려하여 자본금 규모를 결정해야 한다.
발기인	수는 제한이 없으나 1주 이상의 주식을 인수해야 하고 정관에 서명 날인한다.
임원의 구성	① 임원은 이사와 감사로 구분되고 이사 및 감사의 수는 상법으로 규정되어 있다. 따라서 대표이사 및 이사, 감사 등 임원 구성은 회사의 향후 경영계획을 고려해 결정해야 한다. ② 주식회사의 설립 경과 조사 보고는 발기인이 아닌 이사 또는 감사가 수행하도록 되어 있으므로 임원 구성 시 고려한다.
상호의 결정	동일한 등기소에서 동일한 사업 목적을 가진 상호는 등기할 수 없으므로 상호 결정전에 대법원 홈페이지에서 상호를 검색해 보고 관할 등기소 등기관에게 사용 가능 여부를 확인하여야 한다.
본점 소재지의 결정	① 인 · 허가 사업의 경우 지역적인 제한 여부를 검토 ② 회사업무의 효율적인 운용이 가능한 지역을 선택 ③ 조세감면 여부를 검토하여 창업지역 선택
법인 인감도장 및 직인	① 상호명이 기입된 법인 인감도장을 준비한다. 도장의 규격은 지름 1cm~2.4cm 이내로 하는 것이 좋다. ② 문서의 발송 및 사용인감으로 사용할 수 있는 직인을 별도로 구비하여 사용할 필요가 있다.
주주명부	주주의 인적사항과 인수 주식 수 및 납입주식금액이 기재된 주주명부를 작성한다.

(1) 온라인 법인설립시스템

온라인으로 법인설립을 할 수 있는 시스템으로 www.startbiz.go.kr에서 등록이 가능하다.

법인설립을 위해 30개 이상의 구비서류를 작성하여 7개 기관을 방문해 처리하던 법인설립 업무를 온라인에서 법인설립 준비, 법인설립 온라인 민원신청, 법인설립관련 정보제공, 온라인 상담 서비스 등을 제공 받을 수 있어 쉽고 빠르게 처리할 수 있는 시스템이다.

단, 온라인법인설립시스템에서는 조합, 농업법인, 어업법인 등 기타비영리 법인의 설립은 불가하다.

〈그림11-1〉 온라인법인설립시스템 사이트 www.startbiz.go.kr

◆ **주식회사 설립: 미성년자의 주식회사 설립**

제 동생이 개인홈페이지 서비스를 제공하는 IT회사에 만화형태의 캐릭터를 제작하여 보급하는 사업을 하려고 하는 18세의 고등학생입니다. 동생이 친구들과 주식회사를 설립해서 사업을 시작 하고 싶다고 하는데요, 미성년자도 주식회사를 설립할 수 있나요? 그리고 주식회사는 어떻게 설립하는 건가요?

주식회사를 설립하는 사람을 발기인이라 하며, 법정대리인(친권자)의 동의만 있다면 미성년자도 발기인이 될 수 있습니다. 주식회사를 설립하려면 ① 발기인을 구성하여, ② 회사상호와 사업목적을 정하고 ③ 발기인이 정관을 작성한 다음 ④ 주식발행사항을 결정하고 ⑤ 발기설립 또는 모집설립의 과정을 거쳐 ⑥ 법인설립등기, 법인설립신고 및 사업자등록을 하면 됩니다.

온라인 법인설립시스템을 이용할 경우 준비할 사항은 〈표 11-4〉와 같다.

〈표 11-4〉 온라인 법인설립시스템 이용 시 준비사항

구분	주요 내용
회원가입 및 공인인증서	구성원 모두 G4B사이트를 통한 개인명의 회원가입(법인, 개인사업자 가입불가) 및 은행에서 무료로 발급 가능한 개인 일반은행용 인증서가 필요하다. ☞ 전자서명 시 인증서가 필요하며 등록한 인증서는 중간에 재발급 및 변경을 자제해야 한다.
법인인감	상호명이 기입된 법인인감도장을 준비
주민등록등본상 주소 확인	기본정보의 구성원 정보 입력 시 현재 등본상 주소와 상이할 경우 등기신청이 불가하므로 사전에 확인 필요
등록면허세 감면 신청서류	관할 시, 군, 구청에서 감면 여부를 확인하고 감면 대상에 해당될 경우 감면사유 작성 및 증빙서류 스캔첨부 필요
스캐너	법인인감 업로드를 위하여 PC와 로컬로 연결된 Twain드라이버 버전의 스캐너 필요
자본금 통장	자본금 납입 관련 잔액증명서를 발급받을 발기인 대표 명의의 입·출금 개인계좌가 필요(10억 원 미만 주식회사 발기설립의 경우). 단위농협, 신협, 제2금융권, 축협, 우체국 계좌와 정기예금, 마이너스, 적금, 예금, 평생계좌는 불가
구성원	대표자와 지분 없는 감사 총 2인으로 설립 가능하며 최대 구성원 10인이 가능
최저 자본금	법인설립을 위하여 계획하고 있는 자본금을 준비

2) 주식회사의 설립 절차

(1) 주식회사의 발기설립과 모집설립

주식회사의 설립방법에는 ① 발기설립과 ② 모집설립이 있다. 발기설립이란 설립 시에 주식의 전부를 발기인만이 인수하여 설립하는 것을 말하고, 모집설립이란 설립 시에 주식의 일부를 발기인이 우선인수하고 주주를 모집하여 그 나머지를 인수하게 하는 설립방법을 말한다.

〈표 11-5〉 발기설립과 모집설립의 차이점

	발기설립	모집설립
기능	소규모 회사설립에 용이	대규모 자본 조달에 유리
주식의 인수	주식의 총수를 발기인이 인수	발기인과 모집주주가 함께 주식 인수
인수 방식	단순한 서면주의	법정기재사항이 있는 주식청약서에 의함
주식의 납입	발기인이 지정한 은행, 그 밖의 금융기관에 납입	주식청약서에 기재한 은행, 그 밖의 금융기관에 납입
납입의 해태	민법의 일반원칙에 따름	실권절차가 있음
창립총회	불필요	필요
기관구성	발기인 의결권의 과반수로 선임	창립총회에 출석한 주식인수인 의결권의 3분의 2이상이고 인수된 주식 총수의 과반수에 해당하는 다수로 선임
설립경과조사	이사와 감사가 조사하여 발기인에게 보고	이사와 감사가 조사하여 창립총회에 보고
변태설립사항	이사가 법원에 검사인 선임 청구, 검사인은 조사하여 법원에 보고	발기인은 법원에 검사인 선임 청구, 검사인은 조사하여 창립총회에 보고

#주주행동주의

주식회사는 주식의 지분을 받으며 주주라고 불리는 투자자들이 소유하는 형태의 기업이다. 주요한 주식회사들에서 이사회 구성원과 투자자들은 점점 더 자주 충돌하고 있다. 주주행동주의(shareholder activism)는 주주들이 경영진에 압력을 행사하기 위해 그들의 기업소유권을 사용할 때 발생한다. 주주행동주의 운동 대다수는 회사로 하여금 배당금을 확대하도록 하거나 이사회를 바꾸도록 하는 데 초점을 둔다. 또한 주주들은 지속가능성이나 인권 및 다른 사회적 이슈에 대한 기업운영에 점점 더 높은 투명성을 요구하고 있다. 투자자들은 대규모의 현금보유 기업들을 표적으로 삼아 이 현금을 우선 주나 배당금으로 풀도록 한다. 애플사는 투자자 데이비드 아인혼(David Einhorn)이 애플로 하여금 우선주를 발행하여 1,370억 달러의 현금보유액을 줄일 것을 요구하는 소송을 제기했을 때 일격을 받았다. 비록 소송은 기각됐지만 애플에 대한 투자자들의 압력은 계속되고 있다.

주주행동주의의 또 다른 원인은 이사회에 대한 불만이다. 주주들이 대리인을 이용하여 이사회 구성원이나 경영진을 교체하도록 의결권을 행사하는, 위임장 쟁탈전(proxy battles)이 증가하고 있다. 헤스(Hess)사의 주주인 엘리엇 매니지먼트(Elliot Management)는 회사를 상대로 이사회의 느슨한 근무기강과 책임성을 비난하면서 대규모 전투를 시작했다. 이 전투는 엘리엇이 5명의 헤스 측 이사들을 지원하는 조건으로 헤스가 엘리엇에 3명의 아사 자리를 배정하는 것에 동의했을 때 일단락됐다.

주주행동주의는 유익할 수도 있는 동시에 문제의 소지도 있다. 한편으로는, 주주행동주의는 기업의 소유주가 회사경영에 참여할 수 있도록 해주고, 기업들은 때때로 행동주의자들이 회사에 유익한 좋은 아이디어를 가지고 있다고 인정해왔다. 하지만 위임장 쟁탈전과 소송은 비용을 수반하고, 일부 관리자는 기업경영보다 주주들에 더 많은 시간을 보내고 있다고 주장한다.

3. 주식회사 설립하기

법인의 설립은 설립등기를 함으로써 성립하고 존재하게 된다. 주식회사의 설립등기신청서는 다음과 같이 작성하여 제출할 수 있다.

1) 주식회사 설립신청서의 제출

(1) 제출자: 법인의 대표이사 또는 대리인(변호사 또는 법무사)이 제출할 수 있다.
(2) 제출시기: 창립총회가 종결된 후 14일 이내에 제출하여야 한다.
(3) 제출처: 본점 소재지를 관할하는 등기소에 법인설립둥기신청서를 제출하여야 한다.

2) 주식회사의 설립등기신청 내용

(1) 등기의 목적: '주식회사 설립' 으로 기재한다.
(2) 등기의 사유: 정관의 작성, 공증 여부, 발행주식의 총수의 인수 내용, 상법상의 설립 절차 종료 내용을 기재한다.
(3) 본 · 지점 신청구분: 본점 신청, 지점 신청, 본 · 지점 일괄신청으로 구분 표시한다.
(4) 상호: 주식회사 ○○○○ 또는 ○○○○ 주식회사로 기재한다.
(5) 본점: 정관에는 본점 소재지의 소재 시 또는 군까지 표시하나 등기신청서에는 본점 소재지를 소재지번까지 기재한다.
(6) 공고방법: 공고는 관보 또는 시사에 관한 사항을 게재하는 일간신문에 해야 한다. 일반적으로 본점 소재지의 시, 도(市 道) 수준의 지역 명을 기재(서울특별시, 대전광역시 등)하고 공고할 매체(예: ○○신문, ○○일보 등)를 표시하여야 한다.
(7) 1주의 금액: 100원 이상으로 균일하여야 한다.
(8) 발행할 주식의 총수: 회사가 장래 발행할 주식의 총수(수권 주식 수)를 기재 한다.
(9) 발행주식의 총수와 그 종류 및 각각의 수: 회사설립 시에 발행주식으로서 회사 설립 시 주주들에게 할당된 출자지분의 총수(주식 수)를 기재한다. 우선 주식, 후배 주식 등 여러 종류의 주식을 발행하는 경우에는 그 종류, 내용과 수도 기재하여야 한다.
(10) 자본금 총액: 1주의 금액에 발행주식 총수를 곱한 금액을 기재한다.
(11) 목적: 영리사업이기만 하면 아무 제한이 없으나 그 영업 내용을 명확히 알 수 있도록 구체적으로 기재해야 한다. 예컨대, '제조업', '수출입업', '도 · 소매업' 등과 같이 불분명하게 기재해서는 안 되며, '컴퓨터 및 주변기기 도 · 소매업' , '의료기자재 수출 · 입업 및 도014소매업' 과 같이 구체적으로 특정 한다.
(12) 이사 · 감사의 성명 및 주민등록번호: 정관에서 정하는 수 이상의 이사 및 감사의 성명과 주민등록번호를 기재한다.
(13) 대표이사의 성명과 주소: 대표이사를 수인으로 정한 경우로써 수인의 대표이사가 공동으로 회사를 대표하도록 정한 때에는 그에 관한 사항도 기재한다.

(14) 종류주식의 내용: 회사가 종류 주식을 발행하는 때에는 정관에 다른 정함이 없는 경우에도 주식의 종류에 따라 신주의 인수, 주식의 병합 · 분할 · 소각 또는 회사의 합병 · 분할로 인한 주식의 배정에 관한 사항을 기재한다. 종류 주식이란 이익의 배당, 잔여재산의 분배, 주주총회에서의 의결권 행사, 상환 및 전환 등에 관하여 내용이 다른 종류의 주식을 말하며, 회사가 종류 주식을 발행할 경우에는 정관으로 각 종류 주식의 내용과 수를 정하여야 한다.

(15) 지점: 설립 당초부터 지점을 설치한 경우에 한하여 기재한다.

(16) 존립기간 또는 해산사유: 그 해당 사유를 정한 경우에 한하여 기재한다.

(17) 기타: 주식의 양도에 관하여 이사회의 승인을 얻도록 정한 때에는 그 규정, 명의개서대리인을 둔 때에는 그 상호와 본점 소재지 등을 기재한다.

(18) 신청등기소 및 등록면허세/수수료: 법인설립신청서를 제출하는 등기소의 명칭과 관할 시, 군, 구에서 발급받은 등록면허세 납부필증상의 등록면허세, 지방교육세, 농어촌특별세, 세액 합계 및 등기신청수수료를 기재한다.

(19) 과세표준액: 자본금의 총액을 기재한다.

(20) 재택창업시스템을 활용할 경우 기본 정보서식에 위의 사항을 활용한 내용과 본점 전화번호(이동전화), 팩스번호, 구성원(발기인, 이사, 감사)의 출자지분, 전화번호, 이메일, 결산기준월, 인감제작시간 등을 기재한다.

4. 협동조합 설립하기

1) 협동조합의 설립 절차

협동조합 중 영리법인인 일반 협동조합은 5인 이상의 발기인(조합원)이 모여 시 · 도지사에게 신고 및 설립 등기를 거쳐 설립할 수 있으며 그 절차는 〈표 11-6〉과 같다.

〈표 11-6〉 협동조합 설립 절차

설립 절차	주요 내용
발기인의 구성	조합원 자격을 갖춘 5인 이상의 발기인
정관의 작성	정관의 필수기재사항을 검토하여 정관 작성
설립동의자의 모집	창립총회 개회 전까지 발기인에게 설립동의를 제출한 자
창립총회	설립동의자 과반수의 출석과 출석자 2/3 이상의 찬성으로 의결
설립 신고	시 · 도지사에게 설립 신고서 제출
신고필증의 발급	시 · 도지사는 특별한 사유가 없으면 30일 이내에 신고필증을 발급해야 한다.
사무인계인수	발기인은 설립 신고를 하면 지체 없이 그 사무를 이사장에게 인계해야 한다.
출자금의 납입	이사장이 그 사무를 인수하면 기일을 정하여 조합원이 되려는 자에게 출자금을 납입하게 하여야 한다.
설립등기신청	관할 등기소에 설립등기신청서를 제출
법인설립신고 및 사업자등록	법인소재지 관할 세무서에 신고

2) 협동조합의 설립 신고

협동조합을 설립하려는 경우에는 5인 이상의 조합원 자격을 가진 자가 발기인이 되어 정관을 작성하고 창립총회의 의결을 거친 후 주된 사무소의 소재지를 관할하는 시 · 도지사에게 신고하면 된다. 협동조합의 설립 신고를 위해서는 다음의 서류를 작성하여 제출한다.

(1) 정관 사본

(2) 창립총회 개최공고문

(3) 창립총회 의사록 사본

(4) 임원 명부

- 임원 명부에 임원의 이력서 및 사진을 첨부
- 사진 : 가로 3cm, 세로 4cm
- 이력서에 사진을 첨부한 경우에는 사진 추가 제출 불필요

(5) 사업계획서
(6) 수입 · 지출 예산서
(7) 출자 1좌(座)당 금액과 조합원별로 인수하려는 출자좌수를 적은 서류
(8) 설립동의자 명부
(9) 개인정보 제공 및 활용 동의서
(10) 협동조합기본법 제56조에 따른 합병 및 분할에 의한 설립의 경우에는 합병 또는 분할을 의결한 총회의사록

〈협동조합의 정관에 포함될 사항〉

① 목적
② 명칭 및 주된 사무소의 소재지
③ 조합원 및 대리인의 자격
④ 조합원의 가입, 탈퇴 및 제명에 관한 사항
⑤ 출자 1좌의 금액과 납입방법 및 시기, 조합원의 출자좌수 한도
⑥ 조합원의 권리와 의무에 관한 사항
⑦ 잉여금과 손실금의 처리에 관한 사항
⑧ 적립금의 적립방법 및 사용에 관한 사항
⑨ 사업의 범위 및 회계에 관한 사항
⑩ 기관 및 임원에 관한 사항
⑪ 공고의 방법에 관한 사항
⑫ 해산에 관한 사항
⑬ 출자금의 양도에 관한 사항
⑭ 그 밖에 총회 · 이사회의 운영 등에 필요한 사항

3) 협동조합의 설립등기신청

협동조합은 출자금의 납입이 끝난 날부터 14일 이내에 주사무소 소재지를 관할하는 등기소에서 다음의 서류를 구비하여 설립등기를 하여야 한다. 협동조합은 설립 등기를 함으로써 법인격이 부여되며 설립이 성립된다. 제출할 서류는 다음과 같다.

(1) 설립등기신청서
(2) 정관: 원칙적으로 원본을 제출하나 원본 지참 시 사본 제출 가능
(3) 창립총회 의사록: 공증 받은 원본을 제출
(4) 임원의 취임승낙서, 인감증명서: 법인이 임원인 경우에는 법인의 취임승낙서와 직무수행자의 선임증명서 · 인감증명서
(5) 주민등록등 · 초본 : 임원 전원의 서류를 제출하여야 하며, 법인이 임원인 경우에는 직무수행자의 주민등록등 · 초본 제출
(6) 주무 관청의 설립 신고필증 또는 설립인가증

(7) 출자금 총액의 납입증명서: 금융기관이 작성한 잔고증명서나 이사장이 발행한 출자금납입확인서 등 모두 가능하며, 현물출자가 있는 경우 현물출자재산 인계서 또는 출자재산영수증을 함께 제출
(8) 대표자의 인감신고서
(9) 등록면허세 영수필 확인서
(10) 위임장: 대리인이 신청할 경우
(11) 합병이나 분할로 인한 설립 시 채권자 보호 절차를 경료 하였음을 증명하는 서류

5. 사업자등록 및 4대 사회보험 신고하기

1) 법인설립신고 및 사업자등록

법인의 설립등기가 완료되면 본점 소재지를 관할하는 세무서에 사업자등록 및 법인설립신고서를 제출해야 한다. 사업자등록은 사업장마다 하여야 하며 법인의 사업장이 여럿이면 각각의 사업장마다 별도의 사업자등록을 한다.

법인설립신고는 그 설립등기일부터 2개월 이내에 해야 한다. 그러나 법인의 사업자등록은 사업 개시일 부터 20일 이내에 하여야 하며 사업자등록을 한 경우에는 법인설립신고를 한 것으로 간주하고 있다. 따라서 법인을 설립하면 바로 법인 설립 신고 및 사업자등록을 하는 것이 좋다. 이때 제출할 서류는 다음과 같다.

(1) 정관 1부(외국법인만 해당)
(2) 임대차계약서 사본(사업장을 임차한 경우만 해당) 1부
(3) 「상가건물 임대차보호법」의 적용을 받는 상가건물의 일부를 임차한 경우에는 해당 부분의 도면 1부
(4) 주주 또는 출자자명세서 1부
(5) 사업허가 · 등록 · 신고필증 사본(해당 법인만 해당) 또는 설립허가증 사본(비영리 법인만 해당) 1부
(6) 현물출자명세서(현물출자법인의 경우만 해당) 1부
(7) 자금출처소명서(금지금 도 · 소매업 및 과세유흥장소에 영업을 영위하려는 경우만 해당) 1부
(8) 본점 등의 등기에 관한 서류(외국법인만 해당) 1부
(9) 국내사업장의 사업영위 내용을 입증할 수 있는 서류(외국법인만 해당하며, 담당 공무원 확인사항에 의하여 확인할 수 없는 경우만 해당) 1부
(10) 사업자단위과세 적용 신고자의 종된 사업장 명세서(법인사업자용), (사업자 단위과세 적용을 신청한 경우만 해당) 1부

2) 4대 사회보험의 신고

사업을 영위할 경우 사회보장제도로 근로자를 채용할 경우 4대 보험인 국민연금, 국민건강보험 및 노인장기요양보험, 고용보험, 산재보험을 반드시 가입하도록 되어 있다. 따라서 법인이 설립되면 반드시 4대 사회보험 신고한다.

참고로, 국민연금/국민건강보험의 근로자는 법인의 임원 및 대표자를 포함하며, 고용 및 산재보험의 근로자는 법인의 대표자를 포함하지 않고 근로기준법 제2조 제1항 제1호에 따른 근로자를 말한다.

(1) 국민연금

국민연금은 가입자인 국민이 노령, 장애 또는 사망으로 소득능력이 상실 또는 감퇴된 경우 본인이나 그 유족에게 일정액의 급부를 지원하여 안정된 생활을 할 수 있도록 운영하는 연금제도이다.

① 가입대상자

㉠ 사업장 가입자

국민연금에 가입된 사업장의 경우 18세 이상 60세 미만의 사용자 및 근로자로 국민연금에 가입된 자를 말하며, 1인 이상의 근로자를 사용하는 사업장에서 한국 국적 근로자를 사용하는 경우 18세 이상 60세 미만의 사용자와 근로자는 당연히 사업장 가입자가 된다.

㉡ 지역가입자

국내에 거주하는 18세 이상 60세 미만의 국민으로 사업장 가입자가 아닌 경우 당연히 지역가입자가 된다.

(2) 국민건강보험(노인장기요양보험)

국민건강보험은 질병이나 부상으로 발생한 고액의 진료비가 가계에 과도하게 부담되는 것을 방지하기 위해 국민 상호 간 위험을 분담하고 의료서비스를 받게 하는 사회보장제도이다.

(3) 고용보험

고용보험은 국가가 고용정책을 수행하기 위하여 보험의 가입과 보험료 납부가 강제되고 실업이라는 보험사고에 대하여 근로자와 사업주를 지원하는 공적인 사회보험제도이다.

가입대상 사업장 및 적용근로자로는 근로자 1인 이상 고용하는 모든 사업장에서 사업주 의사와는 관계없이 의무 가입해야 한다. 만약 2개 이상의 사업장에서 소득이 발생하는 경우 소득이 높은 사업장 1곳에서 공제한다.

※적용제외 근로자: 64세 이상인 자(그 날이 속하는 달부터 징수하지 않는다.) 및 월간 근로시간이 60시간(주간 15시간) 미만인 근로자는 공제하지 않음

(4) 산재보험

산재보험은 산재근로자와 그 가족의 생활을 보장하기 위하여 국가가 책임을 지는 의무보험으로 국

가가 사업주로부터 소정의 보험료를 징수하여 그 기금으로 사업주를 대신하여 보상을 해 주는 제도이다.

산재보험료율은 일반요율과 개별 사업자의 보험사고율로 구준하여 산정하되 근로자수와 보수총액 등의 기준에 의해 산정한다.

3) 4대 사회보험의 신고방법

4대 사회보험의 신청과 각종 변경 및 탈퇴에 관련한 신고는 4대 보험 공통서식으로 모든 행정 절차를 수행할 수 있으며, 사업장에서 한 곳에만 신고하거나 4대 사회보험 정보연계센터(www.4insure.or.kr)에서 편리하게 사업장 설립신고를 하여 원스톱으로 처리가 가능하다.

4) 4대 사회보험의 신고 절차

첫째, '4대 사회보험 포털사이트'에 회원 가입을 한다.
둘째, 사업장 성립신고를 위해서는 사업장용 공인인증서가 있어야 하며 이를 홈페이지에 등록한다.
셋째, 4대 보험 성립신고를 한다.

미주(참고문헌)

1) Schumpeter(1934), 『The Theory of Economic Development』, Harvard University Press.

2) 이덕훈(2012), 『창업학의 이해』, 비앤엠북스.

3) 강재열(2012), 조직 내 사회자본 및 지적자본과 조직유효성의 관계에서 조직 기업가지향성의 매개역할

4) 이춘우 · 한유진 · 김도현 · 서유미 · 이경원 · 이희우 · 이영달(2012), 『기업가정신의 이해』, (재)한국청년기업가정신재단

5) Sharma, P. and J. Chrisman(1999), "Toward a Reconciliation of the Definitional Issues in the Field of Corporate Entrepreneurship", Entrepreneurship Theory and Practice, Vol. 23(3), pp. 11~27.

6) Rothaermel, F. T. et al(2007), "University entrepreneurship: a taxonomy of the literature", Industrial and Corporate Change, Vol. 16(4), 691~791.

7) Austin J., Stevenson, H., & Wei-Skillern, J.(2006), "Social and commercial entrepreneurship: Same, different or both?", Entrepreneurship Theory and Practice, Vol. 30(1), pp. 1~22.

8) A. Covin and D. P. Slevin(1989), "New Venture Strategic Posture, Structure and Performance: An Industry Life Cycle Analysis", Journal of Business Venturing, Vol. 5(1), pp. 123~135.

9) Miller, D. and Friesen, P.(1982), "Strategic-marketing and Environment: The Third Link", Strategic Science, Vol. 29(7), pp. 770~791.

10) Lumpkin, G. T, and Dess(2001), G. G., "Linking Two Dimensions of Entrepreneurial Orientation to Firm Performance: The Moderating Role of Environment and Industry Life Cycle", Journal of Business Venturing, Vol. 17, pp. 429~451.

11) 은종성(2017), 『인터넷 마케팅 사업계획서 만들기』. e비즈북스.

12) J. Longenecker, C. Moore and J. W. petty(2003), Small Business Management: An Entrepreneurial Emphasis, 12th ed..

13) Constantinos C. Markides(2004), FAST SECOND, Jossey-Bass.

14) 김상수 외 6인 공저(2004), 『창업을 위한 사업계획서 작성 가이드』, (주)영화조세통람.

15) 권도균(2015), 『권도균의 스타트업 경영수업』, 로고폴리스 출판.

16) E. Deal & A. A. Kennedy, Corporate Cultures, Addison-Wesley, 1982.

17) 빌 올렛(2014), 『MIT 스타트업 바이블』. 비즈니스북스.

18) O.C.Ferrell 외(2016), 경영의 이해, 한경사

19) 오세조, 김상덕(2014), 『유통실무 기본상식』. 중앙경제 평론사.

20) 조성진(2017), 『창업실무』. 양성원.

21) 금진호, 김만석, 김명희(2017), 『대학생과 청년을 위한 창업과 경영 실무』, 양성원

22) 민경호, 정성진(2011), 벤처기업경영론, 무역경영사

4차 산업혁명시대 스타트업 창업실무와 경영전략

비즈니스 마인드를 개발하고 사업아이템을 찾아 창업을 하는데 도움을 주는 책.
저자는 창업을 하며 자신이 겪었던 성공과 실패 경험을 분석한 결과를 토대로,
사업에 대해 아무것도 모르는 초보자라도 쉽게 정보를 접 할 수 있도록 소개하고 있다.
창업절차를 중심으로 각 절차에서 꼭 필요한 내용을 알 수 있도록 일목요연하게 서술하였으며
관심분야의 사업 계획서를 작성할 수 있도록 표준사업계획서를 수록하였다.

1판 1쇄 발행 2018년 3월 26일

저자 김 보 라
㈜스마트크리에이터 대표이사
경북대학교 대학원 경영학(MS)박사과정

감수 김 미 란
YOZMA GROUP 한국법인 교육이사
계명대학교 대학원 교육공학 박사과정

교정및 교열 이 민 아

표지디자인 전 미 연

발행인 기 영 식
발행처 도서출판 늘푸른하늘

ISBN : 9791187086086 93320

본 도서의 내용 문의는 저자 e-mail (happykimbora@gmail.com)으로 해 주시기 바랍니다.